通訳学校で開発！「暗記」を超えた
スゴイ！英語スピーキング練習法

A-LiSM
エーリズム

Active Listening and
Speaking Method

新崎隆子
高橋百合子

朝日出版社

はじめに

　英語を使ってもっといろんなことが話せるようになりたいと願っている学習者の皆さん、今日はどんな練習をしましたか？

　英語が好きで、なんとかスピーキング力をつけたいと思いながら、納得できる練習方法が見つけられずにいる人も多いのではないでしょうか。

　日本で暮らしつつ英語のスピーキング力をつけるのは、たやすいことではありません。英語を話さざるを得ない国に住めば、短期間で話せるようになるでしょう。日本にいても、家族や友人に英語を母語とする人がいれば、自然に英語を話す力が身につくかもしれません。でも、そんな環境が望めない人はどうしたらよいでしょうか――。

　本書でご紹介する、英語を話すための新しいメソッド「A-LiSM(リズム)」は、そんなあなたに提案する、通訳のトレーニングをヒントに生まれたメソッドです。

　私は30年間、プロの通訳を務めてきましたが、帰国子女でもなければ、外国に暮らした経験もありません。そのため、若い頃はテレビやラジオの英会話講座を聞いてダイアローグ（会話）を覚えたり、英語の表現集を暗記したりと、いろいろな方法を試しました。

　その経験から、「英語の表現力を身につけてから、話す機会を探す」よりも、「先に話す機会をつくり、とりあえずやってみて、そこで使えなかった表現を勉強する」というやり方の方がずっと楽しく、やる気が出ることを知りました。

「相手もいないのに、話す機会をつくれるのか」と思われるかもしれませんが、たとえば電車の中で、窓の外を流れていく景色を次々と英語で表現してみるとか、それぞれ違うテーマを書き込んだ短冊を作っておき、その中から毎日おみくじのように一枚引いて、そこに書かれている話題について1分間英語でスピーチをするなど、いろいろと自分なりに工夫していました。

　ただし、このスピーキング練習にはひとつ欠点がありました――。チェックしてくれる先生がいないため、自分が正しい英語を話しているという確信が持てないのです。

　その問題は通訳のトレーニングを受けるようになってからも続き、プロの通訳者になって後輩を指導するようになると、自分ひとりでできるスピーキング練習の必要性を、ますます痛感するようになりました。そして、試行錯誤の末に生まれたのが、逐次通訳の技法を取り入れた「A-LiSM」という方法です。

　もともと通訳の訓練のために使われていたメソッドを、初級学習者向けに応用した「A-LiSM」は、多くの英語学習者にとって新鮮に感じられるでしょう。

　さらに「A-LiSM」は基本的に、英語を聞いた後にその内容を自分の言葉で繰り返すというシンプルなものですから、誰でも今すぐに、簡単にできます。

　そして何より重要なのは、本書の前半でリスニングやシャドーイング練習をしっかりしておけば、後半にはたくさんの英語を話すことができますので、「できるようになった」という満足感を得られる点です。トレーニングを継続するた

めには、進歩が目に見えて、学習を「楽しい」と感じることがとても大事なのです。

　本書のPART 1からPART 3を私が担当し、A-LiSMの「模範例」および「ポイント」とReproduction Practice（再生練習）を共著者の高橋百合子さんに執筆していただきました。
　また、音声教材は生の音源に加えて、聞きやすさに配慮した比較的ゆっくりしたスピードの吹き込み音声の2種類を用意しました。ご自分のレベルや練習の段階に応じて使い分けてください。

　本書、そして「A-LiSM」との出会いが、皆さまの学習に新たな活力を吹き込むことを願ってやみません。

2016年6月
新崎隆子

ここがスゴイ！
本書の特長

1 通訳の訓練法をもとに考案された、実践的でダイナミックな練習法

　通訳の第一人者である著者が、海外生活の経験なしでプロ通訳者として30年のキャリアを積むまでになった経験から、通訳訓練には英語の力を伸ばす何か特別のものがあるのではないかと考え、一般の英語学習者向けに考案した、きわめて実践的でダイナミックなトレーニング法です。

2 ネイティブの指導なしで「インプット」→「アウトプット」につなげられる

　リスニングのトレーニングは教材さえあれば自宅でできますが、スピーキングには、しゃべった英語が正しいかどうかチェックしてくれる人が必要です。その点、「A-LiSM（リズム）」は、"お手本"の英文を基点として、自分ひとりでアウトプットの練習ができるのが最大の特長です。

3 > 映画・スピーチ・ニュースなどの教材で、初心者も無理なくついて行ける

　リスニングするだけなら楽にできる音声でも、口に出すとなると聞き取りの集中力がそがれてしまい簡単ではありません。そのため、本書では読者が興味をもてる魅力的なライブ教材を用い、内容をあらかじめ分かった上で練習できるように工夫するなど、初心者にも無理なくついて行けるようになっています。

4 > 英語を"使う"状況を作る

　英語は暗記するだけでは"使える"ようになりません。新しく覚えた単語や表現は、自分の言いたいことを伝える手段として"使えた"ときに初めて、自分のものになります。しかし、実際には英語を"使う"チャンスはめったにありません。それならば、覚えたものをすぐ使うような状況を作ってしまおう、というのが「A-LiSM」です。

本書の構成と使い方

　本書は、A-LiSM（リズム）トレーニング（PART 1 〜 PART 3）を通して英語のスピーキング力をつけられるように構成されています。時間に余裕がある人は、リプロダクション練習（Reproduction Practice）に挑戦してみてください。応用力を養い、表現のバリエーションを増やすのに役立ちます。

A-LiSMトレーニングで、スピーキング力をつける

PART 1 「A-LiSM」がスピーキングに効果的な理由を知る

PART 2 2種類のシャドーイングで、基礎力を強化！
- サイレント・シャドーイングで「リスニング力」をつける（インプット）
- アクティブ・シャドーイングで「表現力」を養う（アウトプット）

リプロダクション練習で、表現力をつける！

― 時間に余裕のある人はチャレンジ！ ―

Reproduction Practice ＋A　応用力を養う

Reproduction Practice ＋B　表現のバリエーションを増やす

PART 3 A-LiSM トレーニングで、スピーキング練習
1. Joke でウォーミングアップ
2. CNN ニュースでトレーニング
3. 名演説でトレーニング
4. 名演説で上級 A-LiSM に挑戦！

音声について 映画・スピーチ・ニュースの音声は、生音声に加え、ナレーターによる比較的ゆっくりなスピードの音声も収録しています。難しく感じられる場合には、まずゆっくりスピードの音声で練習してください。

 ナチュラルスピードの生音声

 比較的ゆっくりなスピードの音声

1 ── トレーニングの手順
レベルに応じてステップの回数を増やしたり飛ばしたりしてもOK。

3 ── Words and Phrases
トレーニングの前に目を通しましょう。英語で繰り返すときの手がかりに。

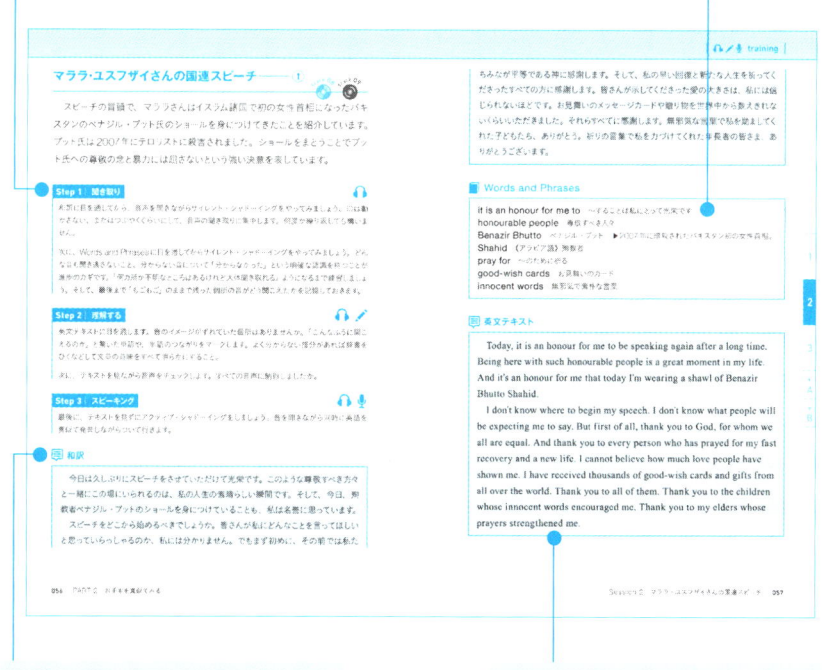

2 ── 和訳
全体的な内容を理解しておくと、聞き取りの負担が軽くなります。

4 ── 英文テキスト
音声を聞く前に見ないよう注意！シャドーイングした後にチェック。

CONTENTS

はじめに ―――――――――――――――――――――――――――― 003
ここがスゴイ！ 本書の特長 ――――――――――――――――――― 006
本書の構成と使い方 ――――――――――――――――――――― 008

PART 1 「A-LiSM」とは
―― 耳から入った英語を"自分の言葉"で話すための画期的なメソッド

1. 英語が上達しない"3つの原因" ――――――――――――― 016
英語の登山―ロッククライミングとお花畑 016 ／英語で"何をしたい"のかをはっきりさせよう 017 ／「英語」と片思いで終わらないために 018 ／「長期的勉強」と「短期集中型」 019 ／「英語山登頂」の最大の障害 019 ／「乙女の祈り」とピアノ嫌い 020 ／"納得"しないと効果は上がらない 021

2. "やりがい"のある英語学習法の条件 ―――――――――― 023
やりがいのある英語学習法"3つの条件" 023 ／プロの通訳者になったきっかけ 024 ／なぜ通訳訓練が「面白い」のか 024

3. スピーキングに特化した「A-LiSM」 ――――――――――― 026
日本人ビジネスマンと外国の大臣の昼食会 026 ／スピーキングのためには"能動的"に聞き取る 026 ／ネイティブなしでできるスピーキング練習 027 ／A-LiSM は英語を使うシミュレーション 028 ／暗記はせず、大切な情報を押さえる 029 ／自分が面白いと感じられるやり方でやる 030

PART 2 お手本を真似てみる
―― シャドーイングで「英語の音」を聞き取って発音する

1. スピーキングの上達を阻む「わな」 ――――――――――― 032
日本語という"鏡"の弊害 032 ／英語は「文字」と「音」の印象が異なる 033 ／視覚のわな――「Manhattan」と「ムン・ハ・ン」 034 ／音をありのままにとらえる 035

2. なぜ、リピーティングではダメなのか ――――――――――― 036
シャドーイングはリスニングの基本的な訓練 036 ／伝統的なリピート練習の欠点 036 ／シャドーイングとリピーティングの違い 037 ／5日間の練習で、ネイティブさながらの発音に！ 038

3.「シャドーイング」するときの注意点 ———————— 039
簡単ではないから、工夫が必要 039 ／「聞き取り」か「発音」、目的をはっきりさせる 039 ／「こくさいぞうかめかいぎ」と「国際象亀会議」 040 ／音声認識と意味単位の切り出し 042

4. 聞き取るためのサイレント・シャドーイング ———————— 043
まずは、徹底的に音声と向き合う 043

5. アクティブ・シャドーイングでスピーキング練習 ———————— 044
アウトプットに焦点を当てたトレーニング 044 ／アクティブ・シャドーイングのやり方 044 ／スピーキングにつなげるために 045

Training

Session 1 「ローマの休日」を演じてみる ———————— 046
「ローマの休日」を演じてみる① ———————— 047
「ローマの休日」を演じてみる② ———————— 050
「ローマの休日」を演じてみる③ ———————— 052

Session 2 マララ・ユスフザイさんの国連スピーチ ———————— 055
マララ・ユスフザイさんの国連スピーチ① ———————— 056
マララ・ユスフザイさんの国連スピーチ② ———————— 058
マララ・ユスフザイさんの国連スピーチ③ ———————— 060

Session 3 スティーブ・ジョブズの伝説のスピーチ ———————— 062
スティーブ・ジョブズの伝説のスピーチ① ———————— 063
スティーブ・ジョブズの伝説のスピーチ② ———————— 065
スティーブ・ジョブズの伝説のスピーチ③ ———————— 067

PART 3　"自分の言葉"で伝えてみる
——「A-LiSM」で聞いた内容をアウトプットする

1. A-LiSM はアウトプットのための練習 ———————— 070
"インプット"から"アウトプット"へ 070 ／5つのスピーキングレベルと「目標」 071

2. 英文を無理に暗記する必要はない ———————— 073
大切なのは"自分の言葉"になっていること 073 ／初心者におすすめのトレーニング法 073

3. サマリー（要約）するときのポイント ―――― 075
サマリーの4つのレベル　075

Training

Session 1　Jokeでウォーミングアップ ―――― 077
ジョーク①　それは誰の犬？ ―――― 077
ジョーク②　母の日のプレゼント（その1） ―――― 079
ジョーク③　母の日のプレゼント（その2） ―――― 081

Session 2　CNNニュースでA-LiSMトレーニング ―――― 083
CNNニュース①　France Bans Ultrathin Models ―――― 083
　　　　　　　　フランスで「やせすぎモデル」禁止に
CNNニュース②　Cheating Scandal in India ―――― 087
　　　　　　　　インドで驚きの大規模カンニング
CNNニュース③　Pandemic of Inactivity ―――― 091
　　　　　　　　運動不足がまん延
CNNニュース④　Nations Ranked by Quality of Life ―――― 095
　　　　　　　　生活の質の国別ランキング
CNNニュース⑤　Record Smog in Beijing ―――― 099
　　　　　　　　中国で過去最悪の大気汚染
CNNニュース⑥　NASA Tests "Flying Saucer" ―――― 103
　　　　　　　　NASAが「空飛ぶ円盤」の飛行実験

Session 3　名演説でA-LiSMトレーニング ―――― 107
マララ・ユスフザイさんの国連スピーチ① ―――― 107
マララ・ユスフザイさんの国連スピーチ② ―――― 110
マララ・ユスフザイさんの国連スピーチ③ ―――― 113
スティーブ・ジョブズの伝説のスピーチ① ―――― 116
スティーブ・ジョブズの伝説のスピーチ② ―――― 119
スティーブ・ジョブズの伝説のスピーチ③ ―――― 122

Session 4　名演説で上級A-LiSMに挑戦！ ―――― 125
マララ・ユスフザイさんの国連スピーチ④ ―――― 125
マララ・ユスフザイさんの国連スピーチ⑤ ―――― 128
スティーブ・ジョブズの伝説のスピーチ④ ―――― 131
スティーブ・ジョブズの伝説のスピーチ⑤ ―――― 134

Reproduction Practice +A
応用力を養うトレーニング

1.「耳」で聞いた内容を「口」に出す
──再生練習（Reproduction Practice）──————138
「言葉」ではなく「意味」を再生する 138／「桃太郎」を英語で伝えてみる 139
桃太郎：その1 140／桃太郎：その2 141／桃太郎：その3 142

2.「表現」を変えて言ってみる————145
いつも「I...」にならないようにする 145／キーワードを先に持ってくる 146／話し言葉は文を短くする 146／英語は結論を先に言う 147

3.「時系列の表現」の練習————148
on を使って文を作る 150／in を使って文を作る 150／before を使って文を作る 150／after を使って文を作る 151／precede を使って文を作る 151／follow を使って文を作る 151

4. 情報を大きくまとめる練習————154
情報をまとめる：その1 154／情報をまとめる：その2 155／情報をまとめる：その3 157

5. 比較の表現の練習————159
類似点を表してみる 160／相違点を表してみる 162／グラフの情報をまとめる 162

6.「原因と結果」の表現の練習————165
AのせいでBしてしまった 165／環境問題の因果関係を説明してみる 166／due to を使う 167／because of を使う 167／because を使う 167／cause を使う 167／as a result を使う 167／since を使う 168／result in を使う 168／as a consequence を使う 168／lead to を使う 168
アラル海のその後 170／「単語ノート」を作るススメ 171

Reproduction Practice +B
表現のバリエーションを増やす練習

a.「物の位置関係」の表現 ──────────── 174
1.under（〜の下に） 174 ／ 2.on（〜の上に） 175 ／ 3.in（〜の中に） 176 ／ 4.above（〜の上に） 178 ／ 5.behind（〜の後ろに） 178 ／ 6.in front of（〜の前に） 179 ／ 7.next to（〜のとなりに） 179 ／ 8.between（〜の間に） 180

b. 自己紹介の表現 ──────────────── 181
仕事や職業について話す 181
仕事について話す：その1 181 ／仕事について話す：その2 182
趣味について話す 182

c. 敬意を表す表現 ──────────────── 186
感謝の気持ちを伝える 186 ／相手に敬意を伝える 187
感謝と敬意を伝える 188

d. 要求を表す表現 ──────────────── 189
誰かに頼みごとをする 189
何かを頼む 190

Column　A-LiSM 誕生秘話 ──────────── 191

おわりに ──────────────────────── 198

PART > 1

「A-LiSM」とは
リズム

耳から入った英語を"自分の言葉"で
話すための画期的なメソッド

1 > 英語が上達しない"3つの原因"

英語の登山──ロッククライミングとお花畑

　英語をはじめとする外国語を勉強するとき、皆さんが目標にするのは、それが音声であれ書き言葉であれ「英語(外国語)を話す相手の言うことが理解できて、自分の言いたいことが相手に通じるようになる」ことでしょう。
　英語の勉強を登山に例えるなら、これが私たちの目指すべき頂上です。

　英語学習の登山道はたくさんあります。
　急坂をロッククライミングで登れば所要時間は短いですが、体力が必要で転落の危険もあります。
　緩やかな道を選べば時間がかかるのは当然ですが、雪渓やお花畑を楽しみながら登れるから、その方がいいという人もいるでしょう。しかし、道に迷うのは避けたいところです。

　英語の登山には、たくさんの登山口が用意されています。どの勉強方法を使っても、間違いなく役に立ちます。

　映画をたくさん見る。英語のニュースを聞く。英字新聞を読む。英語の小説を読む。テレビやラジオの講座を利用する。TOEICやTOEFL、英検などの試験に挑戦する。英会話学校に通う。英語圏に留学する。
　また、インターネット上で無料提供されている学習教材を利用する(ブリティッシュ・カウンシルの無料英語学習アプリやコンテンツ、NHKゴガク、Duolingoの無料学習アプリなど多数)。
　その**すべての道は山頂に通じる**のです。

しかし、実際にはなかなか英語が上手にならないと多くの人が悩んでいます。そして、それには大きく分けて**3つの原因**があります。

英語で"何をしたい"のかをはっきりさせよう

原因のひとつは、英語を勉強する**目的がはっきりしない**ことです。

「英語の勉強」と言っても、その内容や方法は多岐にわたります。
「映画を字幕なしに見ることができて、英字新聞がさっと読め、外国人とペラペラ話せたら、カッコいい」などという漠然とした動機ではにっちもさっちもいきません。

映画に関しては昔、旅行で訪れたタイで帰りの飛行機が遅れ、バンコク国際空港で6時間ほど待たされたことがありました。そのとき、待合ロビーのテレビでアーノルド・シュワルツェネッガー主演の『ターミネーター』を見ていた大勢の旅行客は、日本人も含めて全員が字幕なしで映画を楽しんでいました。
しかし、あれが法廷ドラマだったら、そうはいかなかったでしょう。

英字新聞でも、どの記事を読むのかが問題です。
お天気やテレビの番組欄なら誰でも分かるでしょうけれど、政治も経済も医学も芸能の記事もすべて理解できるなんていう人は果たしているでしょうか。

外国人とペラペラはよいとして、こちらも一体何を話すのかが問題です。
"Oh, yes."（そうそう）、"Maybe."（多分そうでしょう）、"Let me see."（そうですねぇ）、"You know."（ほら）なんてやっていれば一応格好はつきますが、それにどんな意味があるというのでしょうか。

しかし、範囲を絞って「ＡＢＣニュースを英語で聞けるようになりたい」とか「仕事で必要な英語力を身につけたい」「ミステリーを英語で読みたい」ということならば、十分達成可能です。

まず、**何をやりたいのかを考え、そのための最善の策に時間と努力を集中させる**ことが大切です。

「英語」と片思いで終わらないために

２番目の原因は、**自分に適した学習計画を持っていない**ことです。

たいていの人は欲張りすぎて続かなくなり、途中でやめてしまうことが多く見受けられます。

世の中には「私はこうして同時通訳者になった」とか、「年間300本映画を見るとよい」とすすめる体験的指南書がたくさん出ていますが、専門家を目指す人以外には、このようなことは真似ができません。

英語で食べていくという人生の目標が決まり、それに向けて邁進できるのであれば、誰も苦労はしません。

人はみな忙しく、英語の勉強ばかりやっているわけにいかないのです。

学生なら他の科目の勉強をし、スポーツや芸術に親しみ、社会への関心を育まなければなりません。社会に出れば仕事を覚え、恋愛、結婚、子育てを経験し、親の介護もしなければなりません。

自分の使える時間はどのくらいあるかをよく考えた上で、無理のない計画を立て、小さな目標をひとつひとつ達成していくように工夫しないと、「英語」という恋人とは永遠の片思いで終わることになってしまいます。

「長期的勉強」と「短期集中型」

　勉強には毎日コツコツ続ける「長期的勉強」と、「短期集中型」がありますが、どちらの方が効果的かといえば、絶対に短期集中型です。

　毎日20分ずつやるより、1週間まとめて2時間半、あるいは1カ月分まとめて10時間の方が効果的です。

　あるいは、1年に3カ月だけ勉強することにして、1カ月に40時間勉強する方が効果が上がります。

　レベルを一段階引き上げるには、ある程度力をためる必要があるからです。

　「英語強化月間」を設けて、その月は飲み会やデートを控えて勉強に取り組むことにしてもよいでしょう。

　一般的には、毎日少しずつ続けるものと、年に1回ぐらい集中的に行うものを上手に組み合わせるのがベストでしょう。

「英語山登頂」の最大の障害

　3番目の原因は**"やりがい"を感じることのできる学習法**が見つからないこと。

　これが、英語山の頂上を極める上でもっとも大きな障害です。

　「相手の言うことが理解できて、自分の言うことが相手に通じる」という目標に近づいていることが"実感"できるようなものであれば、途中で飽きてしまうこともありません。

　それはすなわち、やっていて「面白い」と感じる訓練でもあります。

教える立場からすると、どのような分野の勉強でも訓練でも、教わる人たちに「面白い」と思わせることができれば、それだけで成功したのも同然です。
　面白くない勉強は、どんなに親や先生がお尻を叩こうと、子どもはスキさえあればサボろうとしますが、「面白い」と思うことは放っておいても、止められてもやるのです。

　通訳の基本訓練のひとつに、英文を前から訳していく「サイト・トランスレーション」（通称サイトラ）という技術があります。関係節を先に訳して前にさかのぼる伝統的な英文和訳とまったく異なる訳し方ですが、これを習得しないと通訳はできないとされるものです。
　どの通訳学校でも必ず教えるトレーニング法ですが、やり方だけ教えてもなかなか成果は上がりません。「早く音声テープを使った通訳訓練を受けたいのに、なぜ、こんなことをやるんだろう……？」という疑問を抱えている限り、自主的に勉強しないからです。
　私は練習の時間を割いてでも「なぜ、この技術が大事か」を力説します。
　「これこそ、通訳技術の根幹であり、プロとして成功するかどうかはサイトラの練習をどれだけやるかにかかっている」ということを、実例を挙げて説明するのです。
　その後は、「サイトラをやりましょう」などとは一切言いませんが、学期末のカウンセリングで聞いてみると、多くの生徒が毎日必ずサイトラの練習をしたと答えます。

「乙女の祈り」とピアノ嫌い

　私は小学校2年生のときにピアノのレッスンを始めました。本人がやりたかったからというより、母がやらせたかったからです。

　先生は音大の学生で、大変厳しい女性でした。

「基礎を叩き込まなければ、ピアノはきちんと弾けるようにはならない」という信念の持ち主で、指の動きを訓練する教則本を生徒たちに徹底的にやらせました。

確かに、複数の先生方が合同で開く発表会で聞きくらべると、うちの先生のお弟子さんたちは断然光っていましたから、きっと優れたレッスンだったのでしょう。

でも、私はピアニストになるつもりはなく、簡単な小曲集やきれいな童謡が弾けるようになればよかったので、いつも「なぜ、こんな無味乾燥な曲を毎日練習しなければならないのだろう……」と思っていました。

ある日、多くのピアノ初心者が憧れる曲のひとつである「乙女の祈り」を弾きたいとお願いしたことがありました。しかし、先生は「あのような曲は指の練習には向かない」と言って許してくれませんでした。

厳しい訓練のおかげで、私はある程度難しいベートーヴェンやモーツァルトの曲を弾けるようになりました。ですが、友達と遊ぶ時間を犠牲にしてまで得たものは"指の運用能力"だけであって、音楽を愛する心はまったく育ちませんでした。

私は、ありとあらゆる音楽の中で、ピアノ曲が一番嫌いになりました。ピアノの音を聞くだけで、練習不足をとがめられるあの恐怖がよみがえるからです。

"納得"しないと効果は上がらない

私が音楽を心から愛せるようになったのは、教師として勤めた学校の文化祭で、音楽の先生と連弾をさせてもらってからです。そのとき初めて、私はピアノを弾く楽しみを知りました。

今でも時々、気晴らしのためにピアノを弾きます。初心者向けの「エリーゼのために」ですら、難曲になってしまいましたが、もう、あの重苦しい気持ちに悩まされることはなくなりました。

英語の勉強もこれに似たところがあって、生徒が本当に"納得"していない勉強を強いても、**効果は上がらずかえってマイナスの方が多くなる**のです。

2 > "やりがい"のある英語学習法の条件

やりがいのある英語学習法 "3つの条件"

では、「やりがいを感じる学習法」とは、どのようなものでしょうか。
それには3つの特徴があります。

第1に、その勉強やトレーニングの**意義が納得できる**
第2に、あまり**制約条件が厳しくなく**、自分の意志で実施できる
第3に、**進歩を実感できる**

というものです。

最近は、この3つの条件を満たすようなさまざまな学習法が提案されていて、英語を勉強する環境はずいぶん改善し、学習者は、それぞれのニーズと好みに一番合うものを選べるようになりました。

英会話の教材は初心者向けからビジネスパーソンのためのものまで、英語力のレベルや学習者の関心に合わせたものがたくさん出ています。テレビやインターネットで配信されているものもほとんど無料で手に入ります。

英会話では満足できなければ、時事問題に関心がある人には英語のニュース番組、タイムリーでバラエティーに富んだ話題に関心がある人にはTED Talks（各界第一人者のプレゼンテーションを無料で視聴できる動画配信サービス）などもあります。

そんな中で、あえて提案したいのが、**通訳の訓練法をもとにした新しい学習法**です。

プロの通訳者になったきっかけ

　私は外国に暮らしたことはなく、公立中学校ではじめて「ABC」を学んだという、ごく一般的な日本人の典型です。英語は好きでしたが、受験勉強以外特別なことは何もせず、ネイティブの指導も受けたことはありません。

　31歳の時に通訳学校に入り、英語の聞き取りがあまりにできないことに衝撃を受けたのがきっかけで、それからがむしゃらに勉強し、気がつけば、プロ通訳者として30年のキャリアを積むまでになりました。

　今でもリスニングに課題を抱えているとはいえ、あのレベルの人間がプロになれたのは通訳訓練を受けたおかげにほかなりません。そのような経験から私は、通訳訓練には**英語の力を伸ばす、何か特別なものがあるのではないか**と考えるようになりました。

　最近、プロの通訳者になるつもりはないのに通訳学校への入学を希望する人が増えています。

　日常的な会話には不自由しないけれど、国際会議への参加やビジネス交渉をこなすほどの自信はないという人たちです。熱心な英語学習者の圧倒的多数がこの層に属するにもかかわらず、このような人たちのための適切な教育機関がないため、より刺激的な訓練を求めて入ってこられるのでしょう。

なぜ通訳訓練が「面白い」のか

　通訳の授業では待ったなしに自分の理解を問われるので、きわめて実践的でダイナミックな訓練ができます。

　通訳のクラスでは、講師が音声教材を流し、生徒をひとりずつ当てて、逐次通訳をさせます。聞き取れなかった人は、手も足も出ません。

　このショックは新鮮でさえあります。

「なんて自分はダメなんだ」と痛感するので、勉強の必要性を素直に認めることができます。

これは「やりがいのある学習法」の第1条件です。つまり、勉強する**意義が納得できる**わけですね。

第2に、通訳訓練は、プロの講師から最初の手ほどきさえ受ければ、後は自分でやっていけるので、「ネイティブの指導が不可欠」「学校に行かなければできない」などの制約条件が少ないのです。

テキスト付きの音声教材があれば、自分で逐次通訳をしたところを、テキストを見ながら確かめられるので、意志さえあれば**あまりお金をかけずに独学できる**というわけです。

第3番目の**「進歩の実感」**も味わえます。少し練習すると、誰でも、ある程度の通訳ができるようになるので、力が伸びる喜びを感じることができます。

英会話学校では飽き足らない多くの人たちが通訳訓練を非常に面白いと思うのは、それが「やりがいのある学習法」の3条件を満たしているからでしょう。

3 > スピーキングに特化した「A-LiSM」(リズム)

日本人ビジネスマンと外国の大臣の昼食会

　英語のリスニング学習に取り組んでいる人は多いと思いますが、聞き取った内容を選択肢の中から選ぶというような"受動的"なレベルにとどまっていては実際の役に立ちません。

　リスニングは"能動的"に情報が取り込めるレベルにまで高めておいて初めて、自信を持って英語を使うことができるのです。

　数年前、英語の達者な日本人ビジネスマンが外国の貿易大臣を囲んで昼食会を開いたときのこと。私は主催者から「皆さん、英語が大変お上手なので、通訳は要りません。何かあったときのために、後ろで待機してください」と言われました。
　会が始まり、貿易大臣が英語で5分ぐらいしゃべって、日本人参加者はみな笑顔でうなずいています。突然、大臣が質問をしました。一瞬、ビジネスマンたちの顔にわずかな狼狽(ろうばい)の表情が浮かびました。それは同席している競合他社の代表を意識したからかもしれませんが、誰かが発言するまでちょっと気まずい沈黙がありました。
　私はそれ以降、大臣が発言するたびに要点を短く日本語に通訳するようにしました。迷惑だと感じた人もいたかもしれませんが、大多数は歓迎してくれたようでした。

スピーキングのためには"能動的"に聞き取る

　ビジネスマンたちは、大臣の発言をほぼ正確に聞き取っていたと思います。質

問が出ることを予想せず、ただ聞き流していたために理解に自信がなく、すぐに反応できなかったのでしょう。

せっかく聞き取る能力があるのですから、もう少し磨いて"能動的"に聞き取れるようにしておけば、恐いものはなくなるはずです。

スピーキング能力の習得は、英語を覚えることに尽きます。理屈を並べず、ひたすら受け入れて暗記するという謙虚な姿勢が必要です。

しかし、暗記するだけでは"使える"ようになりません。新しく覚えた単語や表現は、自分の言いたいことを伝える手段として**"使えた"ときに初めて自分のものになります**。

英語を勉強していて、役に立つフレーズやステキな言い回しを見つけ、「次に同じような場面に出会ったら、絶対使ってやろう」と思うことはないでしょうか？——しかし、実際には、そんなチャンスはめったにありません。

それならば、**覚えたものをすぐ使うような状況を作ればよい**ではないか——。それが「A-LiSM」(リズム)（Active Listening and Speaking Method）です。

ネイティブなしでできるスピーキング練習

A-LiSMではリスニングのときに、すべての文章を記憶するようには要求しません。

しかし、リスニングすると内容の理解とともに、いくつか印象的な表現が頭に残っているはずです。つい今しがた耳から入った英語を使って、すぐに「自分の言葉」としてしゃべってみる。

これこそ、もっとも効率的な英語表現の獲得方法でしょう。

リスニングのトレーニングは教材さえあれば、自宅でもできます。しかし、ス

ピーキングの方はそうはいきません。

　もちろん、自分の周りのものを片っ端から英語にしてみるとか、毎日短いテーマを選んでスピーチをしてみるとか、工夫はできますが、致命的なのは、**その英語をチェックしてくれる人がいない**ことです。

　そういう意味で、英会話学校などは大変価値があると思いますが、週1回のレッスンでは量が少なすぎます。
　ネイティブがいなくても英語の表現力を磨く方法があれば、何倍もの効果を上げられるはずです。その点、A-LiSMには**ネイティブがいなくてもできるように**もともと英語の"お手本"があります。
　うまく英語で表現できなかった部分は、原文を使えばよいのです。

　A-LiSMのアウトプットは、これで正しいと自信があり、自分が使ったことのある英語表現に、新しく覚えた英語を組み合わせたものになります。

A-LiSMは英語を使うシミュレーション

　また、A-LiSMは"やること"そのものに意味のある訓練です。
　たとえば、英語の音声を連続的に聞きながら聞き取ったものを同時に口で反復する「シャドーイング」は訓練として優れていますが、日常生活や仕事の場で行うには適していません。
　しかし、A-LiSMは現実的な英語を使う場面のシミュレーションになります。
　たとえば、会議に出席した人が上司に報告する。自分が他人から聞いた話を家族や友人に伝える。談話を取材した記者が、その内容を記事にまとめる、等々。
　このような意味から、A-LiSMは一般的な言語活動への応用に大変優れたトレーニング方法だといえます。

A-LiSMは一口に言えば「英語を聞いて理解し、自分の英語で表現する」訓練です。

その特徴は、

①一回に聞き取る量がやや多い

②日本語に訳さない

の2点です。

理想的には、少なくとも30秒から1分ぐらいの長さの英文を、メモを取りながら聞き、すぐに聞いた内容を自分の英語でまとめ、さらに短い感想やコメントをつけるのが望ましいでしょう。

暗記はせず、大切な情報を押さえる

オリジナルの文章の構造にとらわれる必要はなく、**大切な情報が押さえられていれば**、さまつな部分を省略しても一向に構いません。

A-LiSMでは一言一句の再生は要求しません。

たとえば、He insisted/ advocated/ suggested...（彼は主張／提唱／提案した…）という文を "He said（彼は…と述べた）にしたり、She is attractive/ elegant/ graceful/ charming/ lovely.（彼女は魅力的だ／上品だ／優雅だ／チャーミングだ／かわいい）を She is beautiful.（彼女は美しい）と表現したりしてよいのです。

もちろん、それぞれの単語のニュアンスは異なりますが、**よく知っている簡単な単語で大まかな意味を伝える**ことを「第1の目標」にしましょう。

もとの文を暗記するのではなく、内容を理解し、記憶をもとにして自分の英語でまとめができるように努めてください。

そして、自分のA-LiSMを原文と照らし合わせ、「述べる」を意味するsay以外の動詞や、美しさを表すbeautiful以外の形容詞も使えるように語彙を増や

していきましょう。

■**自分が面白いと感じられるやり方でやる**

　A-LiSMの体系は、
　①リスニングと表現力を磨く「基礎力の強化」
　②「A-LiSMトレーニング」
の2つのパートから構成されます。

　本書では、「基礎力の強化」として、通訳訓練で重要視されるシャドーイングを使ったPART 2の「リスニング練習」に加えて、時間がある人には表現力をつけるReproduction Practice（再生練習）の提案をしています。
　そして、PART 3の「A-LiSMトレーニング」は基本的に「リスニング」→「サイレント・シャドーイングをした後に聞き取りの確認」→「アクティブ・シャドーイングをした後に意味の確認」→「Words and Phrasesを見ながら質問に答える」→「A-LiSMトレーニング」→「模範例と自分のA-LiSMの比較」という流れで行います。

　初心者はこの流れにそって進み、必要に応じて各ステップの回数を増やすなど、十分時間をかけて行うようにするとよいでしょう。
　だんだん慣れてきたら、回数を減らしたりステップを飛ばしたりしても構いません。
　最上級レベルを目指す方には、リスニングを1回やっただけで、いきなりA-LiSMをするというスリル満点の挑戦もおすすめです。

　自分の習熟度に合わせて、もっとも**面白く刺激的だと感じられるようなやり方**で楽しみながら練習を続けましょう。

PART > 2

お手本を真似てみる

シャドーイングで「英語の音」を聞き取って発音する

1 > スピーキングの上達を阻む「わな」

日本語という"鏡"の弊害

　外国語を習得するためには、文字、音声、文法、語法などについて、まず基本を学ばなければなりません。
　そのときに忘れてならないのは、**学習者の母語の影響**です。

　日本人が英語を勉強するときには、無意識に日本語という"鏡"に照らして英語の文章や音声を理解しようとします。とくに注意したいのは、日本人が英文を読んだときに持つ印象です。
　試しに、次の例文を黙読してみましょう。

> Now, let me talk a little bit about community design. One thing that's important is to define 'community'.

　単語と単語の間には等間隔のスペースが設けられているので、実際にはかたまってひとつの単語のように聞こえる a little bit about（アリルビッアバ）が、「ア」と「リトル」と「ビット」と「アバウト」の音が等分に並んでいるというような印象を受けます。

　一方、日本語の場合は、文字で見た印象と実際に音声で聞いたときの印象が英語ほど変わりません。

> さて、これから少しコミュニティ・デザインについてお話をしましょう。ひとつ大切なことは「コミュニティ」の定義をすることです。

英語の音声では in, at, of, with などの「前置詞」はきわめて弱く発音されるか、消失してしまいますが、日本語の「助詞」は比較的はっきりと発音されます。

　たとえば先の文を音読するときに「コミュニティ・デザインについて」や「大切なことは」の名詞だけを強く発音し、その後に続く助詞などを極端に弱くすることはなく、「お話をしましょう」の「お話」をはっきり発音し「しましょう」をクチャクチャと早口で言うこともありません。

　つまり、目で見たときと音声の印象があまり違わないのです。

　こういう日本語に慣れている日本人は英語のテキストを見たときにも、同じような解釈をしてしまいます。a little bit about は「ア」「リトル」「ビット」「アバウト」なんだと思っても無理はありません。

英語は「文字」と「音」の印象が異なる

　英語と日本語ではこのような違いがあるため、英語を学ぶ際には「日本人にとって、英語は**文章で読んだときと、音で聞いたときの印象**が非常に異なる言語である」ということを、認識しておくことがとても大事になります。

　テキストを読んで英語を勉強することはとても大切ですが、それだけでは英語を聞いたり話したりすることはまったく身につかないのだという認識がないと、「何年やっても英語を使えるようにならない」という悩みを抱えることになってしまいます。

　たとえば community（地域社会）という単語は、「コミュニティ」ではなくて「コミュニティ」と「ミュ」のところが強く発音されるだけでなく、「コ」は日本語のようにはっきり聞こえず、「ニティ」の音もカタカナの印象とはずいぶん違うことを知っておく必要があります。

　しかも、やっかいなことに、ひとつの単語だけを聞いたときと、文章の一部と

して聞いたときの印象が違うこともしばしばあることを、まず知識として身につけておきましょう。

視覚のわな ──「Manhattan」と「ムン・ハ・ン」

　英語の音声を勉強するには英語を聞けばよいのですが、このときに十分注意しなければいけないのは、「視覚のわな」です。

　たとえば、ネイティブによるManhattanの発音を初めて聞いた人は、強い「ハ」の音しか認識できないかもしれません。あるいは「ムン・ハ・ン」のように聞こえるかもしれません。それで、「どういう単語なのだろう」と思って答えを見ると「Manhattan」と書いてあります。
　「なあんだ、マンハッタンだったんだ。これなら知っている！」そう気づいた瞬間が、実は学習の大切なカギを握ります。

　日本人は元来、音声（言語）よりも活字（言語）を信頼する傾向があります。音声はその場限りで消えてしまいますが、活字は恒久的に残るものであり、音声よりも確実な内容を持っていると考えがちだからです。

　今耳でとらえた「ムン・ハ・ン」のような頼りない音声よりも、Manhattanという文字の方がはるかに確かな感じがするのではないでしょうか？
　Manhattanは「マ・ン・ハッ・タ・ン」と読めてしまうので、なじみのない英語の音声の方は記憶に残りにくい。まして、最初からManhattanと書かれたテキストを見ながら音声を聞いても、素直に受け止めることはできません。「マンハッタン」だと思って聞く音はどう聞いても「マンハッタン」と聞こえてしまいます。
　これでは、永遠に目で見た印象と音で聞いたときの印象のギャップを埋めることはできません。

音をありのままにとらえる

　英語の音声を"身体"で覚えるためには、予備知識や視覚情報を使わず、しっかり音声を聞くトレーニングが効果的です。

　感覚をとぎすまして、日本語とは異質な音に耳を傾ける。

　自分の知っている単語だと分かっても、それだけで満足せず、「こんなふうに聞こえるんだ」という発見を大切にする。

　どんな単語か分からない場合は**すぐに答えを知ろうとせずに、その音をありのままとらえる**ようにする。その後で答えを見れば、音の印象は強く残るはずです。

　子ども向けには、遊んだり歌を歌ったりしながら、視覚に頼らない音声だけのトレーニングから始めるのがいいでしょう。

　しかし、中学や高校で英語を勉強してきた大人や、短期間に多くの知識を増やさなければいけない中学生以上の学生は、このような悠長なことはしていられません。

　そこで、**まずすすめたいのがシャドーイングという方法です。**

2 > なぜ、リピーティングではダメなのか

シャドーイングはリスニングの基本的な訓練

　シャドーイングは最も基本的なリスニングのトレーニング法です。
　英語の音声を聞いて、それをオウム返しに繰り返すというもので、テキストは見ずに音声の聞き取りだけを頼りに英文を口に出していくのが原則です。

　音声シャドーイングは20世紀の半ばに言語音声知覚や吃音症(きつおんしょう)の研究のために使われるようになり、その後、ヨーロッパなどで外国語の学習法として実施されるようになりました。
　日本では、サイマル・インターナショナルが日本初の通訳者養成機関を開設した折に、基礎的な通訳訓練法のひとつとして取り入れました。その後、一般的な語学訓練への応用が注目されるようになり、今では通訳者養成コースだけでなく、中学校や高等学校の英語の授業でも広く実施されています。

伝統的なリピート練習の欠点

　日本における学校の英語教育では古くから、先生が教科書の英文を音読し、生徒がそのあとに続けて音読するというリピート練習が行われてきました。
　英語を聞いたり話したりする能力を身につけるためには、このようにどこかで「頭」の中に蓄えている知識を「身体」で使えるような形に変換する必要があります。教科書に書かれている文字を"音声に変える"という点では、リピート練習は英語の授業に欠かせないものだといえます。
　しかし、このリピート練習には欠点があります。それは、学習者が**音声を聞くときに英文テキストを見ている**ことです。

英文テキストには、「読むスピードの変化」や「間合い」、「イントネーション」、単語の間で起こる音の「リエゾン」（前の単語の語尾の子音と、次の単語の語頭の母音または子音がつながって、ひとつのまとまった音として発音されること）や「消失」、「強弱」などは当然ながら明示されておらず、すべての構成要素が**同じ視覚的な強さで並んでいます。**

　学習者は、知らない単語があれば音声に耳を傾け、その音を真似しようとしますが、よく知っている単語については自分なりの音声を想像します。

　たとえば local train と書いてあれば、「ローカル・トレイン」と読んでしまうでしょう。

　テキストに書かれている文章の音声について固定観念が出来上がってしまった頭には、ネイティブの発音による音声は入らず、正しい【lóukəl tréɪn】という発音を聞いても、「ローカル・トレイン」という思い込みは矯正されにくいのです。

　その結果、音声は読み始めのタイミングを示す合図にしかならず、音声学習の成果はあまり上がらないことになります。

シャドーイングとリピーティングの違い

　シャドーイングと伝統的なリピーティングとの違いは、
　①テキストを見ずに行う
　②英語音声にポーズがない
ということの2点です。

　シャドーイングでは視覚的な手がかりがないので、学習者は聞くことに集中するため、受け止める**音の印象は格段に強くなります。**

　また、ポーズのない音声の英語に追いついていくためには、すばやく反応しなければなりません。耳でとらえた音声を真似してすぐに発音しないとあっという間に遅れてしまうのです。そのため学習者はしばしば、単語や文章の意味を理

解する前に発音することになります。
　つまり、従来のように【lóukəl tréɪn】と聞いて、「今、local trainと言ったんだ」と意味を理解することによって頭にlocal trainという文字を思い浮かべ、そこから自分が正しいと思い込んでいる「ローカル・トレイン」という発音に転換する、などという暇はないのです。

　「意味が分かったときにはもう発音している」という状況をつくることで、聞いた音声をゆがめることなく受け止め、発音できるわけです。
　これならば、学習者は知らない単語だけでなく、よく知っている単語の音声についても、十分な注意を向けられるようになるでしょう。

5日間の練習で、ネイティブさながらの発音に！

　シャドーイングは文章を丸ごと真似するため、個々の単語の発音ではなく、単語が文章の中でどのように聞こえるかを学ぶことができます。
　前後の単語との関係から、音がリエゾンしたり、消失したりすることに気づくはずです。
　また、同じ音声を繰り返し真似るうちに、イントネーションや、間の取り方も身についてきます。

　以前、ある通訳学校で、週5日間通う昼間のコースの基礎クラスの受講生にシャドーイングをしてもらったことがありました。
　月曜日の授業の始めに、初めて聞く音声をシャドーイングしてもらいます。受講生はその音声を持ち帰り、自宅でも練習します。授業では毎回先生がチェックするという方法でしたが、金曜日になると受講生はみな、吹き込まれた**スピーチとそっくりのシャドーイングをするようになった**のです。
　受講生が話すのを聞いているとネイティブさながらで、講師が驚いたぐらいでした。

3 > 「シャドーイング」するときの注意点

簡単ではないから、工夫が必要

　良いことずくめのようなシャドーイングですが、効果を上げるためにはいくつか注意すべきことがあります。

　第1に、初めて聞く英語の音声をぶっつけで聞き取りながら、同時に口で再生するのは簡単なことではありません。
　ただ聞くだけなら楽に理解できる音声でも、シャドーイングするとなると、口を動かしている分だけ聞き取りの集中力がそがれるからです。

　そのため、本書では、読者がシャドーイングしてみたいと思うような魅力的な教材を用い、内容をあらかじめ分かった上で練習できるようにするなど、**初心者にも無理なくついて行けるように工夫**しています。

「聞き取り」か「発音」、目的をはっきりさせる

　第2は、シャドーイングが聞き取りの訓練か、スピーキングの訓練かがはっきりしないことです。

　シャドーイングの利点としてよく言われるのは、「ネイティブの発音やイントネーションを身につけることができる」、あるいは「聞きながら同時にしゃべることで同時通訳の基礎訓練になる」などで、どちらかといえば**アウトプットの効果が強調**されます。

　しかし、実際には、聞き取ることができなければアウトプットはできません。誰

もが気軽に今日からできるトレーニングということで、シャドーイングを始める人は多いのですが、残念ながら長続きする人は多くはありません。

それは、「何のためにやるのか」が分からなくなるからです。

おそらく、ほとんどの人が、聞き取れたところはアウトプットできるものの、分からないところは黙らざるを得ず、途切れ途切れのシャドーイングをしているのではないでしょうか。

これでは中途半端で、リスニングにもスピーキングの訓練にもなりません。

効果を上げるためには目的をはっきりさせましょう。

聞き取り重視のときは、発音の負担を軽くします（やり方は後述します）。

そのあと聞き取れなかったところを原稿で確認してから再度シャドーイングを行えば、聞き取りの負担が軽くなるので、今度は発音やイントネーションに集中できます。

「こくさいぞうかめかいぎ」と「国際象亀会議」

第3に、シャドーイングのメカニズムがきちんと理解されていないことも問題です。シャドーイングの解説書では、次のような説明がよくなされます。

> オリジナルの音声：Now, let me talk a little bit about community design.
> 　シャドーイング：Now, let me talk a little bit about community design.

上の文は、オリジナルの音声を聞いてから少し遅れてシャドーイングの音声が出てくるという様子を示しているのですが、実際にはこんなことは行なわれていません。シャドーイングはそれほど楽な作業ではないのです。

仮に、日本語の文章をシャドーイングする場合を考えてみましょう。

オリジナルの音声：東京の亀戸で国際象亀会議が開かれることになりました。
　　シャドーイング：東京の　　亀戸で　　国際象亀会議　が
　　　　　　　　　　　　　　　　　　　　　　　開かれることになりました。

　こんなにきちんとシャドーイングできるのは、東京の住民で「亀戸」という地名を知っており、「国際象亀会議」のことも聞いたことのある人だけです。
　当たり前のことですが、オリジナルの文はすべて「音」であって、漢字とひらがなの区別などありません。

　もっと実際に近い形に書き直すと、次のようになります。

とうきょうのかめいどでこくさいぞうかめかいぎがひらかれることになりました

　聞いている人は、この一連の音の連続から「とうきょう」というかたまりを切り出して「東京」のことだと認識し、「の」は助詞、次は「かめいど」が地名で「で」はそれにつく助詞であると理解していきます。

　音声言語の理解は、聞き取った音声の中に**意味のある言葉を見出し、その言語の構造に当てはめていく**認知のプロセスなのです。
　日本語でいうなら全部ひらがなで表されている文章を、漢字とひらがなやカタカナから構成される文章に直していくような作業です。ぱっと聞いて意味がつかめない言葉が含まれていると、認知は遅れます。
　この例文であれば「東京の」は簡単ですが、「亀戸で」はやや難しく「こくさいぞうかめかいぎ」ではたいていの人がつまずくと思われます。

音声認識と意味単位の切り出し

　先ほどの英文も、音声を聞くだけだとすべて phonetic sign（音声記号）で表現されているものです。

　それが Now, let me talk a little bit about community design. であると認識できるのは、英語の単語や文章構造が分かっているからです。

　当然、知らない表現が使われている部分は意味不明の「音のかたまり」としか認識できません。

　シャドーイングの練習をしていて、だんだん遅れていくのは、音声を「意味のある単位」として認知するのに時間がかかるからです。

　シャドーイングはまず「音声認識と意味単位の切り出し」のためのトレーニングであることを踏まえて行うべきでしょう。

4 > 聞き取るためのサイレント・シャドーイング

まずは、徹底的に音声と向き合う

　シャドーイングの効果を上げるためには、聞き取り訓練のための「インプット用シャドーイング」と、スピーキングのための「アウトプット用の練習」をはっきり区別しましょう。

　インプット用のシャドーイングでは、徹底的に音声を聞くことに集中します。したがって、口真似する声はまったく出さないか、きわめて小さくします。初心者はまったく口を動かさなくても構いません。
　「声を出さないのであれば、普通のリスニング訓練と同じではないか」と疑問を持つ人もいるでしょうが、シャドーイングは、たくさん聞いて大意をつかむ「多聴」に対し、いわば「精聴」にあたるものです。

　全身を「耳」にして聞こえる音はすべてつかまえるトレーニングです。

　最終的にはシャドーイングしながら、全体的な意味が理解できるようにするのですが、最初は「単語」、「表現」、「短文」レベルの理解を優先します。その意味で、**「森」を見るのではなく「木」を見る訓練**といってもいいでしょう。
　したがって、大意把握を目的とした「森」を見るトレーニングと組み合わせるのが理想です。
　しかし、音声トレーニングをあまりやっていない人や、「だいたい分かるのだけど、きちんと聞こえているという自信が持てない」というような悩みを持っている人には、徹底的に音声と向き合うインプット用のサイレント・シャドーイングをおすすめします。

5 > アクティブ・シャドーイングでスピーキング練習

アウトプットに焦点を当てたトレーニング

　サイレント・シャドーイングで徹底的に耳を鍛えたら、次は音声を聞きながら発音するアクティブ・シャドーイングをします。

　アクティブ・シャドーイングは英語のアウトプットに焦点を当てたトレーニングで、個々の単語の「発音」だけでなく「イントネーション」や、「間の取り方」を含めて真似ができるように何度も繰り返し行います。いってみれば、**英語の表現を身体にしみ込ませる**練習です。

　聞こえた音声を即座に口に出すので、自分の声がじゃまで聞き取れないということのないように必ずヘッドフォンを用意しましょう。
　教材は**サイレント・シャドーイングで利用した音声**など、十分内容が分かっているものを使います。聞き取りの負担が大きい教材では、発音やイントネーションをきちんと真似ることができないからです。
　また、初心者はスピードが速すぎるものは避けた方がいいでしょう。

アクティブ・シャドーイングのやり方

　以下の点に注意しながら、ヘッドフォンで音声を聞きながらアクティブ・シャドーイングをやってみてください。

> 1. テキストを見ずに、聞こえてきた音声をできるだけすばやく発音する。声は小さめにする。

2. 途中でつっかえたら、しばらく音声を聞くだけにして、次の文頭から、また始める。

3. 始めたら最後までノンストップで続ける。できない個所があっても、音声を戻してもう一度繰り返すことはしない。

4. 何度やっても、ついていけない場合は、テキストを見ながら音声に従って音読する。ただし、このときに自分流の発音やイントネーションに戻らないように気をつける。その後、1の練習に戻る。

5. 一回に行う練習は5分から10分を目安とする。初心者は、同じ音声教材を続けて1週間、毎日練習することが望ましい。

なお、シャドーイングは、一度にまとめて練習するより、毎日少しずつ続ける方が効果的なので、5分の教材を使うのであれば、全体を通して2回行う。または、1回目はテキストなし、2回目はテキストを見ながら行うぐらいで十分です。

週末は、仕上げのつもりで、ひとことも落とさない完璧なシャドーイングができるようにチャレンジしてみましょう。

スピーキングにつなげるために

アクティブ・シャドーイングの究極の目的は、学んだ英語の表現や言い回しを、**ネイティブの発音やイントネーションごと「自分のもの」にする**ことです。

このためには、ほとんど暗記してしまうぐらい何度もシャドーイングをするといいのですが、それだけでは応用力がつきません。

スピーキングの練習につなげるために、PART 3以降では、一回に聞き取る部分をもっと長くして、意味を理解してからそれを再生するより高度なリプロダクションをやっていきます。

Session 1 「ローマの休日」を演じてみる

映画『ローマの休日』より

　最初に挑戦するのは、気品ある美しさでかつて一世を風靡した女優オードリー・ヘップバーン主演の名作『ローマの休日』です。
　映画のセリフはスピーチのように朗々とした話し方ではなく、スピードが速いところもあるかもしれませんが、自然な会話の口調を真似ることができます。
　映画を見たことのない人は、49ページのあらすじに目を通してください。王女かジョー、どちらか自分が好きな方を選んでシャドーイングをするのもいいですし、片方ずつ順番にやってみてもいいでしょう。
　まずスピーチの和訳に目を通して全体的な内容を理解しておけば、聞き取りの負担を軽くできるのでシャドーイングしやすいでしょう。ただし、英文テキストはまだ見ないでください。シャドーイングは英語のスペルをローマ字読みした音声のイメージの歪みを矯正するための練習でもあるからです。

「ローマの休日」を演じてみる ── ①

宮殿を抜け出した王女が新聞記者ジョーのアパートに泊まり込み、翌朝目を覚ましたときに、初めてアパートの主にあいさつをするシーンです。ジョーはすでに彼女が王女であることを知っていて、特ダネにする機会を狙っています。

Step 1 | 聞き取り

和訳に目を通してから、音声を聞きながらサイレント・シャドーイングをやってみましょう。口は動かさない、またはつぶやくぐらいにして、音声の聞き取りに集中します。何度か繰り返しても構いません。

次に、Words and Phrases に目を通してからサイレント・シャドーイングをやってみましょう。どんな音も聞き逃さないこと。分からない音について「分からなかった」という明確な認識を持つことが進歩のカギです。「何カ所か不明なところはあるけれど大体聞き取れる」ようになるまで練習しましょう。そして、最後まで「もごもご」のままで残った個所の音がどう聞こえたかを記憶しておきます。

Step 2 | 理解する

英文テキストに目を通します。音のイメージがずれていた個所はありませんか。「こんなふうに聞こえるのか」と驚いた単語や、単語のつながりをマークします。よく分からない部分があれば辞書をひくなどして文章の意味をすべて明らかにすること。

次に、テキストを見ながら音声をチェックします。すべての音声に納得しましたか。

Step 3 | スピーキング

最後に、テキストを見ずにアクティブ・シャドーイングをしましょう。音を聞きながら同時に英語を真似て発音しながらついて行きます。

和訳

> 王女　こんにちは。
> ジョー　やあ。
> 王女　あなたは…?
> ジョー　ブラッドレー、ジョー・ブラッドレーだ。
> 王女　ああ、はじめまして。
> ジョー　お会いできて、光栄ですよ。

王女　座ってもいいわ。

ジョー　それはどうもありがとう。君の名前は？

王女　アーニャと呼んでいいわ。

ジョー　どうも、アーニャ。コーヒーでも飲む？

王女　今、何時かしら？

ジョー　えっと、1時半ごろかな。

王女　1時半！　着替えて行かなくちゃ！

ジョー　なんでそんなに急ぐの？　時間はたっぷりある。

王女　いいえ、ないわ。それに、これ以上あなたに迷惑はかけられない。

ジョー　迷惑？　君は迷惑なんかじゃないよ。

王女　迷惑じゃない？

ジョー　風呂に湯を入れてくるよ。

📘 Words and Phrases

be delighted　嬉しく思う
call me　私を〜と呼んでください
be trouble to you　あなたにとって迷惑である
run a bath　風呂に湯を入れる

📄 英文テキスト

Princess　How do you do?

Joe　How do you do?

Princess　And you are...?

Joe　Bradley – Joe Bradley.

Princess　Oh, uh, delighted.

Joe　You don't know how delighted I am to meet you.

Princess　You may sit down.

Joe　Thank you very much... What's your name?

Princess　Uh... you may call me... Anya.

🎧✏️🎤 training

Joe　　　　Thank you – Anya. Would you like a cup of coffee?

Princess　What time is it?

Joe　　　　Oh, about one-thirty.

Princess　One-thirty! I must get dressed and go!

Joe　　　　Why – what's your hurry? There's lots of time.

Princess　Oh, no, there isn't – and I've... I've been quite enough trouble to you as it is.

Joe　　　　Trouble? You're not what I'd call trouble.

Princess　I'm not?

Joe　　　　I'll run a bath for you.

映画のあらすじ

ヨーロッパのある国の王女アン（オードリー・ヘップバーン）は、ヨーロッパ各国を表敬訪問中であった。最後の滞在国であるイタリアのローマで、過密なスケジュールと自由のない生活への不満がついに爆発し、王女はヒステリーを起こしてしまう。その夜、城を抜け出した王女は、鎮静剤のせいで路上のベンチで寝てしまう。通りかかったアメリカ人新聞記者のジョー・ブラッドレー（グレゴリー・ペック）が見かねて介抱するうちに、王女はジョーのアパートまでついて来てしまう。翌朝、彼女の素性に気づいたジョーは、王女の知られざるローマ滞在という大スクープをモノにしようと、職業を偽って、王女をローマ中連れ回す。王女はまず美容院で髪を切り、スペイン広場でジェラートを食べ、その後ローマ市内をジョーとバイクで二人乗りして、夜はサンタンジェロ城前のテヴェレ川でのダンスパーティーに参加する。その様子をカメラマンの友人が次々と写真に撮っていく中、自由と休日を生き生きと満喫する王女とジョーの距離は次第に近づいていく……。帰国前の記者会見で、王女は最後に壇上から降りて新聞記者たちと握手を交わし、ジョーとも表情を変えずに握手して去っていく。

「ローマの休日」を演じてみる —— ②

ここは映画の中でもっとも印象的なシーンのひとつです。宮殿に戻らなければいけないと思いながら、王女はスペイン階段でつかの間の自由を味わっています。そこに偶然を装ってジョーが現れ、「タクシーをつかまえて帰らなければ……」と言う王女を引き留め、ローマの休日を楽しむようすすめます。もちろんジョーの目的は、これを特ダネにして新聞記者として名を上げることです。

Step 1 | 聞き取り

和訳に目を通してから、音声を聞きながらサイレント・シャドーイングをやってみましょう。口は動かさない、またはつぶやくぐらいにして、音声の聞き取りに集中します。何度か繰り返しても構いません。

次に、Words and Phrasesに目を通してからサイレント・シャドーイングをやってみましょう。どんな音も聞き逃さないこと。分からない音について「分からなかった」という明確な認識を持つことが進歩のカギです。「何カ所か不明なところはあるけれど大体聞き取れる」ようになるまで練習しましょう。そして、最後まで「もごもご」のままで残った個所の音がどう聞こえたかを記憶しておきます。

Step 2 | 理解する

英文テキストに目を通します。音のイメージがずれていた個所はありませんか。「こんなふうに聞こえるのか」と驚いた単語や、単語のつながりをマークします。よく分からない部分があれば辞書をひくなどして文章の意味をすべて明らかにすること。

次に、テキストを見ながら音声をチェックします。すべての音声に納得しましたか。

Step 3 | スピーキング

最後に、テキストを見ずにアクティブ・シャドーイングをしましょう。音を聞きながら同時に英語を真似て発音しながらついて行きます。

和訳

> ジョー　ところで、ほら、そうするまえに、自分のための時間をとったらどうかな？
> 王女　あと1時間くらいなら。
> ジョー　思い切って、丸一日とったら？
> 王女　ずっとやってみたかったことをやれるかしら。

ジョー　たとえば？

王女　ああ、分からないでしょうね。やりたかったことを何でもやりたいわ、一日中。

ジョー　それはたとえば、髪を切ったり、ジェラートを食べたり、という意味かな。

王女　ええ、それに私、オープンテラスのカフェにすわったり、ウィンドウショッピングしたり、雨の中を歩いたりしたいわ！　楽しんでワクワクしたい。あなたにとっては、たいしたことじゃないでしょう？

ジョー　すばらしい！　いいかい？　それをぜんぶやろうよ、いっしょに。

Words and Phrases

take a little time　少し時間をとる
live dangerously　思い切った生き方をする
gelati　《イタリア語》ジェラート、アイスクリーム
sidewalk café　カフェテラス
Tell you what.　まあ、お聞きなさい／いいかい？

英文テキスト

Joe　Well, look, before you do, why don't you take a little time for yourself?

Princess　Maybe another hour.

Joe　Live dangerously, take the whole day.

Princess　I could do some of the things I've always wanted to.

Joe　Like what?

Princess　Oh, you can't imagine. I'd – I'd like to do just whatever I liked – the whole day long.

Joe　You mean, things like having your hair cut, and eating gelati.

Princess　Yes, and I'd – I'd like to sit in a sidewalk café and – look in shop windows – walk in the rain! Have fun and maybe some excitement. It doesn't seem much to you, does it?

Joe　It's great! Tell you what. Why don't we do all those things – together?

「ローマの休日」を演じてみる ③

　楽しい休日を過ごすうちに王女とジョーの間には恋心が芽生えます。しかし、ふたりの恋愛が成就することはありません。王女は愛する人から引き裂かれる運命を受け入れ、王族としての義務を果たすことを決意します。

　ここは最後の記者会見に臨んだ王女が、そこにジョーの姿を見つけ、驚きながらも、万感の思いを込めて彼を見つめるシーンです。記者のひとりから「どの国が一番良かったか」と聞かれた王女は、側近からあらかじめ「どの国も良かった」と答えるように言われていたにもかかわらず、勇気を出して「ローマだ」と言い放ちます。

　音声は「諸国間の友好の見通しについてどう思うか」という記者の質問に王女が答えるところから始まります。

Step 1 | 聞き取り

和訳に目を通してから、音声を聞きながらサイレント・シャドーイングをやってみましょう。口は動かさない、またはつぶやくぐらいにして、音声の聞き取りに集中します。何度か繰り返しても構いません。

次に、Words and Phrasesに目を通してからサイレント・シャドーイングをやってみましょう。どんな音も聞き逃さないこと。分からない音について「分からなかった」という明確な認識を持つことが進歩のカギです。「何カ所か不明なところはあるけれど大体聞き取れる」ようになるまで練習しましょう。そして、最後まで「もごもご」のままで残った個所の音がどう聞こえたかを記憶しておきます。

Step 2 | 理解する

英文テキストに目を通します。音のイメージがずれていた個所はありませんか。「こんなふうに聞こえるのか」と驚いた単語や、単語のつながりをマークします。よく分からない部分があれば辞書をひくなどして文章の意味をすべて明らかにすること。

次に、テキストを見ながら音声をチェックします。すべての音声に納得しましたか。

Step 3 | スピーキング

最後に、テキストを見ずにアクティブ・シャドーイングをしましょう。音を聞きながら同時に英語を真似て発音しながらついて行きます。

和訳

王女 私はそれ（諸国間の友好）を全面的に信頼しています。人との関係を信頼しているのと同じように。

ジョー 私の勤めている新聞社を代表して言わせてください。殿下の信頼は裏切られることはないと信じています。

王女 それを聞いて安心しました。

スウェーデン人記者 訪問された都市の中で殿下が最も楽しまれたのはどこですか？

将軍 「それぞれに…」

王女 それぞれに、それぞれの良さがあり、忘れがたく、ひとつにしぼるのはむずかしい……ローマ！　何といってもローマです。生きている限り、ここを訪れた思い出を大切にするでしょう。

Words and Phrases

I have faith in　私は～を信じている
speaking for　～を代表して言う
Your (Royal) Highness　殿下
not be unjustified = be justified　裏切られることはない（＝正しいものとなる）
in its own way　それぞれのやり方で
by all means　何といっても
cherish　～を大切にする
in memory　忘れずに

英文テキスト

Princess　I have every faith in it, as I have faith in relations between people.

Joe　May I say, speaking for my own Press Service, we believe that Your Highness' faith will not be unjustified.

Princess　I am so glad to hear you say it.

> Swedish journalist　Which of the cities visited did Your (Royal) Highness enjoy the most?
> General　"Each in its own way…".
> Princess　Each in its own way was…unforgettable…It would be difficult to… Rome! By all means, Rome. I will cherish my visit here in memory, as long as I live.

　もうお気づきだと思いますが、王女の「人々の関係を信じる」という発言と、それに対するジョーの「その信頼が裏切られることはないでしょう」という発言は「ジョー、私はあなたの好意を信じています」「王女様に対する私の好意はまぎれもない真実です」という意味を表しています。
　王女は最後に「このローマの休日は、私にとって生涯の思い出になるでしょう」と告げ、永遠にジョーの前から去っていったのでした。

ローマ市内をバイクで二人乗りするふたり

Session 2 マララ・ユスフザイさんの国連スピーチ

写真：©Plan International/Alexandra K. Letelier

　次は2014年に17歳で史上最年少のノーベル平和賞受賞者となったマララ・ユスフザイさんのスピーチをシャドーイングしましょう。

　マララさんは2012年10月にタリバン兵に銃撃され瀕死の重傷を負いますが、奇跡的に回復します。このスピーチは翌年の2013年7月に国連本部で行われたものです。命を奪われそうになるという恐怖の経験をしたにもかかわらず、その強い信念に微塵もゆらぎを感じさせない姿勢には感動させられます。

　マララさんはパキスタン生まれですが、力強く分かりやすい英語を話します。日本人の学習者にはネイティブ・スピーカーの英語よりもはるかに聞き取りやすいでしょう。アクセント（なまり）が少し気になる人もいるかもしれませんが、彼女のスピーチは英米に片寄らないグローバル時代の英語として多くの示唆を与えてくれるはずです。

マララ・ユスフザイさんの国連スピーチ ── ①

Track 08　Track 09

　スピーチの冒頭で、マララさんはイスラム諸国で初の女性首相になったパキスタンのベナジル・ブット氏のショールを身につけてきたことを紹介しています。ブット氏は2007年にテロリストに殺害されました。ショールをまとうことでブット氏への尊敬の念と暴力には屈さないという強い決意を表しています。

Step 1 | 聞き取り

　和訳に目を通してから、音声を聞きながらサイレント・シャドーイングをやってみましょう。口は動かさない、またはつぶやくぐらいにして、音声の聞き取りに集中します。何度か繰り返しても構いません。

　次に、Words and Phrasesに目を通してからサイレント・シャドーイングをやってみましょう。どんな音も聞き逃さないこと。分からない音について「分からなかった」という明確な認識を持つことが進歩のカギです。「何カ所か不明なところはあるけれど大体聞き取れる」ようになるまで練習しましょう。そして、最後まで「もごもご」のままで残った個所の音がどう聞こえたかを記憶しておきます。

Step 2 | 理解する

　英文テキストに目を通します。音のイメージがずれていた個所はありませんか。「こんなふうに聞こえるのか」と驚いた単語や、単語のつながりをマークします。よく分からない部分があれば辞書をひくなどして文章の意味をすべて明らかにすること。

　次に、テキストを見ながら音声をチェックします。すべての音声に納得しましたか。

Step 3 | スピーキング

　最後に、テキストを見ずにアクティブ・シャドーイングをしましょう。音を聞きながら同時に英語を真似て発音しながらついて行きます。

📝 和訳

　今日は久しぶりにスピーチをさせていただけて光栄です。このような尊敬すべき方々と一緒にこの場にいられるのは、私の人生の素晴らしい瞬間です。そして、今日、殉教者ベナジル・ブットのショールを身につけていることも、私は名誉に思っています。
　スピーチをどこから始めるべきでしょうか。皆さんが私にどんなことを言ってほしいと思っていらっしゃるのか、私には分かりません。でもまず初めに、その前では私た

ちみなが平等である神に感謝します。そして、私の早い回復と新たな人生を祈ってくださったすべての方に感謝します。皆さんが示してくださった愛の大きさは、私には信じられないほどです。お見舞いのメッセージカードや贈り物を世界中から数えきれないくらいいただきました。それらすべてに感謝します。無邪気な言葉で私を励ましてくれた子どもたち、ありがとう。祈りの言葉で私を力づけてくれた年長者の皆さま、ありがとうございます。

Words and Phrases

it is an honour for me to　〜することは私にとって光栄です
honourable people　尊敬すべき人々
Benazir Bhutto　ベナジル・ブット　▶2007年に暗殺されたパキスタン初の女性首相。
Shahid　《アラビア語》殉教者
pray for　〜のために祈る
good-wish cards　お見舞いのカード
innocent words　無邪気で素朴な言葉

英文テキスト

　Today, it is an honour for me to be speaking again after a long time. Being here with such honourable people is a great moment in my life. And it's an honour for me that today I'm wearing a shawl of Benazir Bhutto Shahid.

　I don't know where to begin my speech. I don't know what people would (will) be expecting me to say. But first of all, thank you to God, for whom we all are equal. And thank you to every person who has prayed for my fast recovery and a new life. I cannot believe how much love people have shown me. I have received thousands of good-wish cards and gifts from all over the world. Thank you to all of them. Thank you to the children whose innocent words encouraged me. Thank you to my elders whose prayers strengthened me.

マララ・ユスフザイさんの国連スピーチ ── ②

Track 10　Track 11

　マララさんは自分がタリバンに銃で撃たれたときのことを振り返り、銃弾によって黙らせようとしても無駄だと言い放ちます。恐怖の経験をしても自分の生き方はいささかも変わっていないと述べています。

Step 1 | 聞き取り

和訳に目を通してから、音声を聞きながらサイレント・シャドーイングをやってみましょう。口は動かさない、またはつぶやくぐらいにして、音声の聞き取りに集中します。何度か繰り返しても構いません。

次に、Words and Phrasesに目を通してからサイレント・シャドーイングをやってみましょう。どんな音も聞き逃さないこと。分からない音について「分からなかった」という明確な認識を持つことが進歩のカギです。「何カ所か不明なところはあるけれど大体聞き取れる」ようになるまで練習しましょう。そして、最後まで「もごもご」のままで残った個所の音がどう聞こえたかを記憶しておきます。

Step 2 | 理解する

英文テキストに目を通します。音のイメージがずれていた個所はありませんか。「こんなふうに聞こえるのか」と驚いた単語や、単語のつながりをマークします。よく分からない部分があれば辞書をひくなどして文章の意味をすべて明らかにすること。

次に、テキストを見ながら音声をチェックします。すべての音声に納得しましたか。

Step 3 | スピーキング

最後に、テキストを見ずにアクティブ・シャドーイングをしましょう。音を聞きながら同時に英語を真似て発音しながらついて行きます。

和訳

　親愛なる皆さん、2012年10月9日、私はタリバンに額の左側を撃たれました。私の友達も撃たれました。彼らは銃弾が私たちを黙らせるだろうと考えたのです。しかし、彼らの目論見は失敗でした。そうやって黙らせようとしたことが、何千何万もの声を生むことになってしまったのです。

　テロリストたちが私に目標を変えさせ、私の志を阻止しようと考えたにもかかわらず、

私の生き方に変わったことなど何ひとつないのです。ただし、弱さと恐怖と絶望が死に絶え、強さと力と勇気が生まれたことを除けば。

　私は以前と同じマララです。私の志は変わっていません。私の希望は変わっていません。そして、私の夢は変わっていません。

📘 Words and Phrases

Taliban タリバン　▶イスラム原理主義組織。女子教育に反対の立場をとる。
forehead 額（ひたい）
bullet 弾丸
silence ①沈黙させる　②沈黙
aim 目標、目的
ambition 大きな志
except this これを除いて
hopelessness 絶望
courage 勇気

📖 英文テキスト

　Dear Friends, on the 9th of October 2012, the Taliban shot me on the left side of my forehead. They shot my friends too. They thought that the bullets would silence us. But they failed. And out of that silence came thousands of voices.

　The terrorists thought that they would change my aims and stop my ambitions, but nothing changed in my life except this: weakness, fear and hopelessness died; strength, power and courage was (were) born.

　I am the same Malala. My ambitions are the same. My hopes are the same. And my dreams are the same.

マララ・ユスフザイさんの国連スピーチ ③

Track 12 Track 13

　マララさんは「すべての子どもに教育を受ける権利がある」という自らの活動のテーマを主張し、その願いは自らの命を奪おうとした者への憎しみさえも超越するほど強いものであると述べています。

Step 1 | 聞き取り

和訳に目を通してから、音声を聞きながらサイレント・シャドーイングをやってみましょう。口は動かさない、またはつぶやくぐらいにして、音声の聞き取りに集中します。何度か繰り返しても構いません。

次に、Words and Phrasesに目を通してからサイレント・シャドーイングをやってみましょう。どんな音も聞き逃さないこと。分からない音について「分からなかった」という明確な認識を持つことが進歩のカギです。「何カ所か不明なところはあるけれど大体聞き取れる」ようになるまで練習しましょう。そして、最後まで「もごもご」のままで残った個所の音がどう聞こえたかを記憶しておきます。

Step 2 | 理解する

英文テキストに目を通します。音のイメージがずれていた個所はありませんか。「こんなふうに聞こえるのか」と驚いた単語や、単語のつながりをマークします。よく分からない部分があれば辞書をひくなどして文章の意味をすべて明らかにすること。

次に、テキストを見ながら音声をチェックします。すべての音声に納得しましたか。

Step 3 | スピーキング

最後に、テキストを見ずにアクティブ・シャドーイングをしましょう。音を聞きながら同時に英語を真似て発音しながらついて行きます。

📋 和訳

　親愛なる兄弟姉妹の皆さん、私はだれも敵視していません。私がここでこうしてお話ししているのも、タリバンに対してであれ、どこか他のテロ組織に対してであれ、個人的な復讐心を抱いているからではありません。私がここに来たのは、すべての子どもに教育を受ける権利があることをはっきりと主張するためです。

　タリバンをはじめとしたすべてのテロリストや過激派の息子たちや娘たちにも、教育を受けさせてほしいと思います。

私を撃ったタリバン兵のことも、私は憎んでいません。たとえ私の手に銃があり、その兵士が目の前に立っていたとしても、私は撃たないでしょう。

📘 Words and Phrases

be against　〜に反対する
in terms of　〜に関して
personal revenge against the Taliban　タリバンに対する個人的な復讐
speak up for　〜をはっきり主張する
all the terrorists and extremists　すべてのテロリストや過激派
the Talib　タリバンの一員
in front of me　私の前で

📝 英文テキスト

　Dear sisters and brothers, I'm not against anyone. Neither am I here to speak in terms of personal revenge against the Taliban or any other terrorist group. I'm here to speak up for the right of education of every child.

　I want education for the sons and daughters of the Taliban and all the terrorists and extremists.

　I do not even hate the Talib who shot me. Even if there is a gun in my hand and he stands in front of me, I would not shoot him.

Session 3 スティーブ・ジョブズの伝説のスピーチ

写真：AP／アフロ

　最後に挑戦するのはアップルの創設者、スティーブ・ジョブズ氏の伝説的な名演説です。ジョブズ氏は2005年6月12日にスタンフォード大学の卒業式で、自分の生い立ちや人生の岐路に立って感じた戸惑いや悩みを率直に語り、信念と希望を持って未来を目指すことの大切さを語りました。

　このスピーチには、日本人の英語学習者にとって役立つ3つの素晴らしい特徴があります。ひとつは、構成が明瞭で分かりやすいこと。2つ目は、比較的平易な言葉でゆっくりと語られていること。そして、何よりも、聞き手の心に迫るメッセージにあふれていることです。

　絶望の淵に沈むような経験を振り返り、それがあったからこそ今の自分があるというジョブズ氏の言葉は、私の人生にとっても大切な指針となっています。英語だけでなく、内容も十分に味わってください。

スティーブ・ジョブズの伝説のスピーチ ── ①

Track 14　Track 15

スピーチの冒頭部分です。あの天才と言われたスティーブ・ジョブズ氏は大学を出ていなかったのか、と驚かされますね。このスピーチで印象的な「点と点を結ぶこと」というメッセージは、どんな英語で表現されているでしょうか。

Step 1 | 聞き取り

和訳に目を通してから、音声を聞きながらサイレント・シャドーイングをやってみましょう。口は動かさない、またはつぶやくぐらいにして、音声の聞き取りに集中します。何度か繰り返しても構いません。

次に、Words and Phrasesに目を通してからサイレント・シャドーイングをやってみましょう。どんな音も聞き逃さないこと。分からない音について「分からなかった」という明確な認識を持つことが進歩のカギです。「何カ所か不明なところはあるけれど大体聞き取れる」ようになるまで練習しましょう。そして、最後まで「もごもご」のままで残った個所の音がどう聞こえたかを記憶しておきます。

Step 2 | 理解する

英文テキストに目を通します。音のイメージがずれていた個所はありませんか。「こんなふうに聞こえるのか」と驚いた単語や、単語のつながりをマークします。よく分からない部分があれば辞書をひくなどして文章の意味をすべて明らかにすること。

次に、テキストを見ながら音声をチェックします。すべての音声に納得しましたか。

Step 3 | スピーキング

最後に、テキストを見ずにアクティブ・シャドーイングをしましょう。音を聞きながら同時に英語を真似て発音しながらついて行きます。

📖 和訳

　本日は、世界最高の大学のひとつで卒業式を迎えられる皆さんとご一緒できて、とても光栄です。実のところ、私は大学を出ていません。ですから、これが、私にとっては大学卒業に最も近い経験ということになります。今日、皆さんにお伝えしたいのは、私の人生からの3つのお話です。それだけです。たいしたことではありません。たった3つのお話です。最初のお話のテーマは、点と点を結ぶことです。

　私はリード大学を最初の半年で中退しましたが、その後も18カ月ほどはモグリの

学生として大学に居座り、それから実際に退学したのです。では、私はなぜ中退したのでしょう？

Words and Phrases

commencement　卒業式
truth be told　実をいうと
graduate from college　大学を卒業する
graduation　卒業
No big deal.　たいしたことはない。
connect the dots　点と点を結ぶ
drop out　中退する
Reed College　リード・カレッジ　▶オレゴン州ポートランドの大学。
as a drop-in　モグリの学生として
quit　やめる

英文テキスト

　I'm honored to be with you today for your commencement from one of the finest universities in the world. Truth be told, I never graduated from college and this is the closest I've ever gotten to a college graduation. Today I want to tell you three stories from my life. That's it. No big deal. Just three stories. The first story is about connecting the dots.

　I dropped out of Reed College after the first six months but then stayed around as a drop-in for another 18 months or so before I really quit. So why did I drop out?

スティーブ・ジョブズの伝説のスピーチ —— ②

生まれてすぐに養父母に預けられたジョブズ氏は、養子縁組のときの約束通り大学に入りました。経済的に豊かではなかった両親が苦労して授業料を工面してくれたのに、ジョブズ氏は中退してしまいます。

Step 1 | 聞き取り

和訳に目を通してから、音声を聞きながらサイレント・シャドーイングをやってみましょう。口は動かさない、またはつぶやくぐらいにして、音声の聞き取りに集中します。何度か繰り返しても構いません。

次に、Words and Phrases に目を通してからサイレント・シャドーイングをやってみましょう。どんな音も聞き逃さないこと。分からない音について「分からなかった」という明確な認識を持つことが進歩のカギです。「何カ所か不明なところはあるけれど大体聞き取れる」ようになるまで練習しましょう。そして、最後まで「もごもご」のまま残った個所の音がどう聞こえたかを記憶しておきます。

Step 2 | 理解する

英文テキストに目を通します。音のイメージがずれていた個所はありませんか。「こんなふうに聞こえるのか」と驚いた単語や、単語のつながりをマークします。よく分からない部分があれば辞書をひくなどして文章の意味をすべて明らかにすること。

次に、テキストを見ながら音声をチェックします。すべての音声に納得しましたか。

Step 3 | スピーキング

最後に、テキストを見ずにアクティブ・シャドーイングをしましょう。音を聞きながら同時に英語を真似て発音しながらついて行きます。

和訳

　そして17年後、私は本当に大学に入学しました。しかし、世間知らずな私が選んだのは、スタンフォード並みに学費の高い大学だったのです。そのため、労働者階級である両親の蓄えは、私の学費の支払いですべてなくなってしまいそうでした。

　6カ月後、私は大学に価値を見いだせずにいました。自分が人生でやりたいことは何なのかさっぱり分かりませんでしたし、その答えを見つけるうえで大学がどう役立つのかもまったく分かりませんでした。それなのに、自分はそこにいて、両親が生涯

をかけて蓄えたお金をすべて使い果たそうとしていたのです。そこで私は中退の決断をし、それですべてがうまくいくと信じることにしました。

　そうした決断をすることはそのときはかなり恐ろしかったのですが、振り返ってみると、これまでに下した決断の中でも最良のもののひとつでした。中退した途端、興味の持てない必修科目は取るのをやめて、もっとはるかに面白そうな授業にもぐりこむことができるようになったからです。

📘 Words and Phrases

naively　世間知らずにも
college tuition　大学の授業料
figure out　（答えを）見つけ出す
entire life　全人生
scary　恐ろしい
required classes　取らなければいけない授業、必修科目

📋 英文テキスト

　And 17 years later, I did go to college, but I naively chose a college that was almost as expensive as Stanford, and all of my working-class parents' savings were being spent on my college tuition.

　After six months, I couldn't see the value in it. I had no idea what I wanted to do with my life, and no idea how college was going to help me figure it out, and here I was, spending all of the money my parents had saved their entire life. So I decided to drop out and trust that it would all work out OK.

　It was pretty scary at the time, but looking back it was one of the best decisions I ever made. The minute I dropped out I could stop taking the required classes that didn't interest me, and begin dropping in on the ones that looked far more interesting.

スティーブ・ジョブズの伝説のスピーチ ③

ジョブズ氏は、大学を中退して10年後に当時のことを振り返って、人生においては「点と点がつながる」という考えを持つようになったと述べています。大学を巣立つ若者たちの人生の指針になればという気持ちが込められています。

Step 1 | 聞き取り

和訳に目を通してから、音声を聞きながらサイレント・シャドーイングをやってみましょう。口は動かさない、またはつぶやくぐらいにして、音声の聞き取りに集中します。何度か繰り返しても構いません。

次に、Words and Phrasesに目を通してからサイレント・シャドーイングをやってみましょう。どんな音も聞き逃さないこと。分からない音について「分からなかった」という明確な認識を持つことが進歩のカギです。「何カ所か不明なところはあるけれど大体聞き取れる」ようになるまで練習しましょう。そして、最後まで「もごもご」のままで残った個所の音がどう聞こえたかを記憶しておきます。

Step 2 | 理解する

英文テキストに目を通します。音のイメージがずれていた個所はありませんか。「こんなふうに聞こえるのか」と驚いた単語や、単語のつながりをマークします。よく分からない部分があれば辞書をひくなどして文章の意味をすべて明らかにすること。

次に、テキストを見ながら音声をチェックします。すべての音声に納得しましたか。

Step 3 | スピーキング

最後に、テキストを見ずにアクティブ・シャドーイングをしましょう。音を聞きながら同時に英語を真似て発音しながらついて行きます。

和訳

もう一度言いますが、将来を見据えながら点と点を結ぶということなど、誰にもできません。できるのは、振り返りながら点と点を結ぶということだけです。ですから、私たちは、点と点が将来何らかの形でつながると信じるしかないのです。私たちは何かを信じるべきです —— 自分の勇気であれ運命であれ、人生であれカルマであれ何であれ —— なぜなら、点と点が将来いつかはつながると信じることで、たとえそれが人並みの人生街道から外れることにつながろうとも、自分の心に従うことに自信が

持てるようになるからです。そして、このことがもたらす違いは大きいのです。

Words and Phrases

look forward　前を向く、将来を考える
look backward　後ろを向く、過去を振り返る
gut　勇気、根性
destiny　運命、宿命
karma　（仏教、ヒンズー教の）カルマ、因縁（いんねん）
down the road　先々、将来いつか
confidence　自信
follow your heart　自分の心に従う
well-worn path　月並みな道筋
make all the difference　大きな違いをもたらす

英文テキスト

Again, you can't connect the dots looking forward. You can only connect them looking backwards, so you have to trust that the dots will somehow connect in your future. You have to trust in something — your gut, destiny, life, karma, whatever — because believing that the dots will connect down the road will give you the confidence to follow your heart, even when it leads you off the well-worn path, and that will make all the difference.

PART 3

"自分の言葉"で伝えてみる

「A-LiSM(リズム)」で
聞いた内容をアウトプットする

1 > A-LiSM(リズム)はアウトプットのための練習

"インプット"から"アウトプット"へ

　どのような分野の技能でも、その修得のプロセスには「学習」と「応用」の2つの側面があります。

　まったく新しい技術の習得は、情報を取り込み、知識を得るところから始まりますが、よく知っている人が、まったく知らない人に教えようとすると、一度に多くの情報を与えすぎてしまい学習者の消化不良を招いて、やる気をそいでしまうこともあります。
　しかし、学習の段階ごとに、**インプットを適切なアウトプット（応用）の機会と組み合わせる**ようにすれば、高い相乗効果が期待できます。

　とくに、外国語のように実践的な技術を習得するときには、学んだことを「自己表現」の手段として使えるようなパイプをつくらなければ、せっかく覚えた知識が活用されないままになりかねません。
　その点で、A-LiSM(リズム)（Active Listening and Speaking Method）は、英語を習得する過程で「インプット」を「アウトプット」につなげる方法として開発された学習法です。

　読者の皆さんはここまで、
　①英語をきちんと聞き取って、理解する練習
　②英語の音を真似する練習
を体験してきました。
　これからの過程では、少しずつ、オリジナルの英語から遠ざかり、「インプット」から「アウトプット」へ向かって進んでいきます。時間に余裕がある人は137

ページの再生練習（Reproduction Practice）にもチャレンジしてみてください。

　インプットに重点を置いたトレーニングは、正しい英語を学べるものの応用が難しく、アウトプットに重点を置いたトレーニングは実践的な力を育てますが、我流の英語に陥ってしまう危険性があります。

　したがって、インプットからアウトプットの橋渡しには、いつでも**もとの英語に戻って確かめられるようなメカニズム**が不可欠です。

　A-LiSMには、常にきちんとした英文が用意されており、そこを起点としてアウトプットの練習に進めるようになっているのが最大の特徴です。

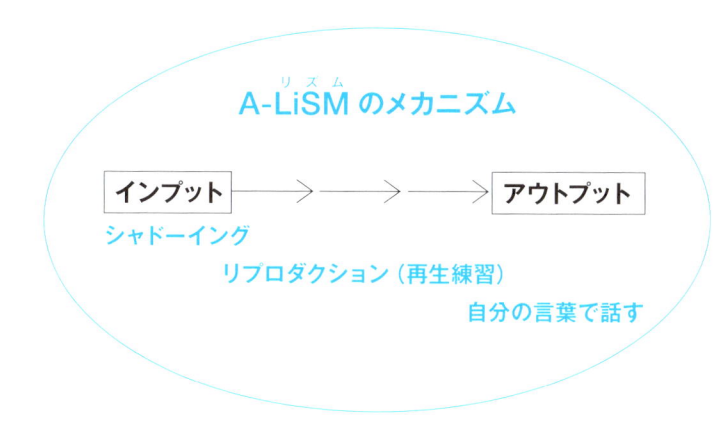

A-LiSM（リズム）のメカニズム

インプット ━━▶ ━━▶ ━━▶ アウトプット

シャドーイング

リプロダクション（再生練習）

自分の言葉で話す

5つのスピーキングレベルと「目標」

　A-LiSMの最終的な目標は、相手の言うことを正しく理解し、示された問題点に沿って自分の意見を言える力をつけることです。

　本書の目的はその目標に向かって最初の一歩を踏み出すこと、英語を聞いて内容を理解し、もとの文を再生する努力を通して英語の表現力を身につけることにあります。

　実際の場面では、聞き取りのチャンスは一回しかないのが普通です。したがって、

1. 一度しか聞けない
2. すぐに発話する

ということができれば、かなり高いリスニング能力、スピーキング能力を備えているといえるでしょう。

英語のスピーキング能力は、次の5つの評価レベルに分けることができます。

レベル4と5は英語を使うプロのレベルなので、本書の読者の皆さんは、**レベル3を到達目標**にし、まず**レベル1をクリア**できるように努めてください。

レベル5	● 外交交渉ができる ● 国際会議のパネリストが務まる ● 討論番組などの議論に参加できる	内容を完璧に理解し、正確に説明できる。聞き取った内容を踏まえて自分の意見を加えてスピーチができる。
レベル4	通訳を使わずに、商談や取材ができる	内容をほぼ完璧に理解し、他の人に正確に説明できる。
レベル3 （goal!）	通訳に頼らず、聴衆として国際会議に参加できる	内容の大筋を理解し、他の人が分かるように説明できる。
レベル2	カジュアルな会話を、能動的に行うことができる	話のテーマを理解し、全体のロジックの把握は不十分ながら部分的に聞き取ることができ、その部分は人に伝えることができる。
レベル1 （start）	カジュアルな会話に、受動的に参加できる	何の話かは理解することができ、聞いたことの少なくとも一部を繰り返すことができる。

2 > 英文を無理に暗記する必要はない

大切なのは"自分の言葉"になっていること

　A-LiSMは「英語の音声を聞いて内容を理解」して、すぐに「英語で同じ内容をしゃべる」という、言ってしまえばきわめてシンプルな練習方法です。

　その際大切なことは、アウトプットされる英語が**"自分の言葉"になっている**ことです。オリジナルの英語を覚えたり、暗唱したりするのではなく、自分の使える英語表現に組み込んで話すことがトレーニングの目的です。

　リスニング力はテーマに関する知識に依存するところが大きいので、最初はなるべく**なじみのある話題を扱った英文**で練習し、「この分野の話なら大丈夫」という自信をつけることをおすすめします。

初心者におすすめのトレーニング法

　トレーニング法は目的やレベルによっていろいろありますが、初心者には次のような方法をおすすめします。

1. 「聞き取りのポイント」を読み、ある程度予備知識を入れた上で、原文を3回以上聞く。

2. アクティブ・シャドーイング (44ページ) を行う。

3. 質問に英語で答える。(省いてもOK)

4. 単語リスト (Words and Phrases) を見ながら、サマリーを行う。

　慣れてきたら、1で聞く回数を減らしていき、3の質問に答える手順をとばして、すぐに4のサマリーをするようにしてもよいでしょう。
　あるいは、最初に1、2回聞いただけでサマリーに挑戦し、その後で、1〜4のプロセスをたどるのもよいでしょう。

　アクティブ・シャドーイングをやった後は必ず英文テキストを見て、**できた個所とできなかった個所を確認**しましょう。
　できた個所が50パーセントぐらいなら初級、50パーセント以上80パーセント未満なら中級、80パーセント以上ならば上級と判定します。
　質問への解答については、きちんとした英語による正解が1問なら初級、半分ぐらいなら中級、ほぼ全問正解ならば上級と判定します。

　なお、本書で"お手本"として使っているマララ・ユスフザイさんのスピーチ、スティーブ・ジョブズ氏のスピーチ、6本のCNNニュースは、それぞれ下記書籍に収録されたものの一部です。もっとトレーニングを積みたい人は、活用してください（いずれも朝日出版社刊でCD&電子書籍版付き）。

・『マララ・ユスフザイ　国連演説＆インタビュー集』
・『スティーブ・ジョブズ　伝説のスピーチ＆プレゼン』
・『CNNニュース・リスニング』シリーズ（年2回刊行）

3 > サマリー（要約）するときのポイント

サマリーの4つのレベル

　サマリー(summary)とは、もとの文章を要約する、つまり**原文の骨子を正しくまとめること**です。

　英語でサマリーを行うまえに、まず次の日本語のサマリーをしてみることにしましょう。

> コミュニケーションはAさんからBさんへの一方通行ではなく、キャッチボールのように繰り返されますが、その間に言葉の意味づけが変わったり、新しい考えが生み出されたりすることにより、お互いに対する態度や役割が変化します。このように、言葉のコミュニケーションは、参加者の間に誤解を引き起こす危うさをはらんではいますが、新たな理解や知恵を創造するダイナミックなプロセスといえるでしょう。

　下に挙げたのは、4つのレベルの解答例です。

🎤 サマリーレベル1

コミュニケーションは双方向で、その間に誤解も起こりますが、相互理解に役立ちます。

🎤 サマリーレベル2

コミュニケーションは言葉のキャッチボールで、その間に考えや相手への態度が変わります。誤解には注意が必要ですが、相互理解が深まります。

🎤 サマリーレベル3

コミュニケーションでは、言葉のやり取りの間に、解釈や考えが変わっていき、相手に対する態度や役割が変わります。誤解も起こりますが、新たな理解や知恵が得られます。

🎤 サマリーレベル4

コミュニケーションは一方的なものではありません。言葉がやり取りされている間に、その解釈が変わったり、新しい考えが生まれたりします。その間に、相手に対する態度や役割が変わります。誤解が起こる危険性もありますが、新たな理解や知恵が生まれるダイナミックなプロセスです。

A-LiSMをするときは、まずは簡単なレベル1がきちんとした英語でできるようにすることから始め、慣れてきたら徐々に目標レベルを上げるようにしましょう。

大切なのは、英語表現を身につけることですので、最初は**情報量が少なくても構いません**。

その代わり、**正確な英語で表現できる**ように心がけてください。

| 🎧 ✏️ 🎤 training |

Session 1 | Jokeでウォーミングアップ

ジョーク① それは誰の犬?

まず最初に、簡単なジョークを聞いてウォーミングアップをしましょう。

Step 1 | 聞き取り

まず音声を聞きましょう。……内容は分かりましたか?

Step 2 | 真似てみる

アクティブ・シャドーイングをしましょう。音を聞きながら同時に英語を真似て発音しながらついて行きます。……どうでしたか? 英文テキストを見て、できたところを確認しましょう。

Step 3 | スピーキング

A-LiSM をやってみましょう。まず、Words and Phrases に目を通してください。内容の理解を確認したい人は和訳を読んでください。もう一度音声を聞き、Words and Phrases を手がかりにその内容を英語で繰り返しましょう。

📖 Words and Phrases

shopkeeper　商店主、お店の主人
bite　かみつく
pet the dog　その犬をなでる
"Ouch!"　「痛い!」

📄 和訳

ひとりの男性が店に入って可愛い子犬を見かけます。彼はお店の主人にたずねます。「あなたの犬はかみつきますか?」店主は、「いいえ、私の犬はかみつきません」と言います。男性が犬をなでようとすると、犬がかみつきます。「痛い!」男性は「あなたはご自分の犬はかみつかないと言ったように思いますが」と言います。店主は言います。「私の犬はかみつきませんよ。あれは私の犬ではありません!」

Session 1　Jokeでウォーミングアップ　077

✅ 自分で採点してみよう!

英文テキストを見て、できたところに下線を引きましょう。何割できましたか。言いよどみなくすらすらとできましたか? どれくらい正確にサマリーできたか、自分なりに採点してみましょう。

💬 英文テキスト

> A man walks into a shop and sees a cute little dog. He asks the shopkeeper, "Does your dog bite?" The shopkeeper says, "No, my dog doesn't bite." The man tries to pet the dog and the dog bites him. "Ouch!" the man says, "I thought you said your dog doesn't bite." The shopkeeper says, "My dog doesn't bite. That's not my dog!"

✅ ポイント

最初の質問 "Does your dog bite?" を "Does this dog bite?" と言ってしまうと、このジョークは成立しません。日本語では通常目の前にいる犬を「あなたの犬」とは言いませんが、英語では、日本語よりもずっと my(私の)、your(あなたの)等の人称代名詞の所有格を多用します。このジョークを英語で伝えるときは、そういう日本語と英語の違いにも注目しましょう。

自己採点シート

押さえた情報	割
文法的ミス	カ所
言いよどみ	カ所

ジョーク② 母の日のプレゼント（その1）

次のジョークはちょっと長いので、2回に分けてやってみましょう。

Step 1 | 聞き取り

まず音声を聞きましょう。……内容は分かりましたか？

Step 2 | 真似てみる

アクティブ・シャドーイングをしましょう。音を聞きながら同時に英語を真似て発音しながらついて行きます。……どうでしたか？ 英文テキストを見て、できたところを確認しましょう。

Step 3 | スピーキング

A-LiSMをやってみましょう。まず、Words and Phrasesに目を通してください。内容の理解を確認したい人は和訳を読んでください。もう一度音声を聞き、Words and Phrasesを手がかりにその内容を英語で繰り返しましょう。

📖 Words and Phrases

something special　何か特別なこと
elderly mother　年老いた母親
Mother's Day　母の日
a huge house　大きな家
limousine　リムジン
the Bible　聖書
specially trained　特別に訓練された
parrot　オウム
recite　暗誦する
verse　一節
on demand　要求に応じて

Session 1　Jokeでウォーミングアップ　079

📋 和訳

> 3人のお金持ちの兄弟がそれぞれ年老いた母親のために母の日に何か特別なことをしたいと思っていました。長男は母親に大きな家を買いました。次男は運転手付きのリムジンを彼女に贈りました。三男は母親が昔聖書を読むのが好きだったけれど、今は目が不自由で読めなくなったことを思い出しました。そこで、彼女のために要求すれば聖書のどの節でも読んでくれる特別に訓練されたオウムを手に入れました。

✅ 自分で採点してみよう!

英文テキストを見て、できたところに下線を引きましょう。何割できましたか。言いよどみなくすらすらとできましたか? どれくらい正確にサマリーできたか、自分なりに採点してみましょう。

📋 英文テキスト

> Three rich brothers each wanted to do something special for their elderly mother on Mother's Day. The first brother bought her a huge house. The second brother gave her a limousine, with a driver. The third brother remembered that his mother used to love to read the Bible but could not see well any more, so he got her a specially trained parrot that could recite any verse from the Bible on demand.

自己採点シート

押さえた情報	割
文法的ミス	カ所
言いよどみ	カ所

ジョーク③　母の日のプレゼント（その2）

母の日に贈り物をした3兄弟の話の続きです。

Step 1 | 聞き取り

まず音声を聞きましょう。……内容は分かりましたか？

Step 2 | 真似てみる

アクティブ・シャドーイングをしましょう。音を聞きながら同時に英語を真似て発音しながらついて行きます。……どうでしたか？　英文テキストを見て、できたところを確認しましょう。

Step 3 | スピーキング

A-LiSMをやってみましょう。まず、Words and Phrasesに目を通してください。内容の理解を確認したい人は和訳を読んでください。もう一度音声を聞き、Words and Phrasesを手がかりにその内容を英語で繰り返しましょう。

📘 Words and Phrases

receive　受け取る
thank-you notes　お礼状
clean the whole thing　全部を掃除する
rarely　めったに～しない
hardly　ほとんど～しない
limo　リムジンのこと
rude　無礼、失礼
delicious　おいしい

📖 和訳

間もなく、兄弟たちは母親からお礼状を受け取りました。長男の受け取ったお礼状にはこう書いてありました。「あなたの買ってくれた家は大きすぎます！　私はそのほんの一部でしか暮らしていないけれど、全部を掃除しなければなりません」。次男の受け取ったお礼状にはこう書いてありました。「私は今はめったに外出しないので、

> あなたがくれたリムジンはほとんど使いません。そして、使うときには、運転手がとても失礼な態度をとるのよ」。三男の受け取ったお礼状にはこう書いてありました。「私の愛する可愛い坊や、あなたはお母さんが、何が好きかちゃんと分かっているのね。あのチキンはとてもおいしかったわ！」

✓ 自分で採点してみよう！

英文テキストを見て、できたところに下線を引きましょう。何割できましたか。言いよどみなくすらすらとできましたか？　どれくらい正確にサマリーできたか、自分なりに採点してみましょう。

📝 英文テキスト

> Soon the brothers received thank-you notes from their mother. The first son's note said, "The house you bought me is much too big! I only live in a small part of it, but I have to clean the whole thing!" The second son got a note that said, "I rarely leave the house now, so I hardly ever use the limo you gave me. And when I do, the driver is so rude." The third son's note said, "My darling baby boy, you know just what your mother loves. The chicken was delicious!"

自己採点シート

押さえた情報	割
文法的ミス	カ所
言いよどみ	カ所

Session 2 | CNNニュースでA-LiSM（リズム）トレーニング

CNNニュース① France Bans Ultrathin Models
フランスで「やせすぎモデル」禁止に

ここからはCNNニュースを使って練習をします。女性があこがれるモデル体型ですが、フランスがそうした風潮に「待った」をかけました。

Step 1 | 聞き取り

聞き取りのポイントに目を通してから、3回聞き取ります（最後はサイレント・シャドーイング）。英文テキストを見て、分からなかった個所をチェックしましょう。
- 聞き取りのポイント：ファッションの国フランスがファッションモデルの健康を心配してある措置をとりました。

Step 2 | 真似てみる

英文テキストを見ずに音声を聞きながらアクティブ・シャドーイングをしましょう。英文テキストを見て、できたと思うところに下線を引いてから、和訳を読んで意味を確認します。

Step 3 | スピーキング

Words and Phrasesを見ながら、質問に英語で答えます。その後もう一度音声を聞き、A-LiSMをやってみましょう（Words and Phrasesを手がかりにその内容を英語で繰り返す）。

Session 2　CNNニュースでA-LiSMトレーニング　083

📖 和訳

「やせすぎモデル」禁止法がフランスで可決

世界のファッションの中心地を自認するフランスで、極端にやせたモデルが禁止となりました。議員らが、拒食症の増加を防ぐための法案に賛成票を投じたのです。この新しい法律のもとでは、その具体的な数値はまだ決まっていませんが、ファッションモデルは肥満指数――すなわちBMI――が一定の数値を上回っていなければなりません。世界保健機関（WHO）の基準では、BMIが18.5未満だと体重不足とされます。やせすぎのモデルが所属するモデル事務所には、最高で8万2000ドルの罰金と、6カ月の実刑が科せられることもありえます。

📘 Words and Phrases

ban　禁止する
ultrathin　極端にやせた
the self-proclaimed fashion capital　ファッションの中心地（首都）を自認する国
officials　公務員、当局者
vote for　〜に賛成票を投じる
combat anorexia　拒食症と闘う
body mass index (BMI)　肥満指数 (BMI)
be determined　決定される
the World Health Organization　世界保健機関 (WHO)
underweight　体重不足の
hire　（人を）雇う
be fined　罰金を科せられる
be jailed　投獄される

❓ 質問（解答例85ページ）

Q1. What is the problem with ultrathin models?

Q2. What kind of indicator does WHO use to define underweight?

Q3. What would happen to model agencies if they are found to hire underweight models?

✅ 自分で採点してみよう！

自分のA-LiSMを「模範例」とくらべてみましょう。どれぐらいできましたか？ 情報は何割でしたか？ 文法的なミスはありませんでしたか？ 言いよどみなくすらすらとできましたか？

📋 英文テキスト

> CNN News 1 - France Bans Ultrathin Models
>
> France, the self-proclaimed fashion capital of the world, has banned ultrathin models. Officials voted for the law to combat anorexia. Under the new law, models need to be above a certain body mass index—BMI—which hasn't been determined yet. The World Health Organization says anything below 18.5 is underweight. Agencies that hire underweight models could be fined up to $82,000 and jailed for six months.
>
> Aired on April 5, 2015

❗質問の解答例

A1. They tend to suffer from anorexia out of the desire to lose weight.

A2. They use body mass index, or BMI.

A3. They could be fined and jailed.

模範例

> Lawmakers in France have voted to ban ultrathin models. The new law requires models to be above a certain body mass index, or BMI. According to the WHO, BMI below 18.5 is underweight. Agencies that hire underweight models could be fined up to $82,000 or jailed for six months. Lawmakers fear that models are becoming anorexic to stay thin. France considers itself the fashion capital of the world.

✓ ポイント

- officialsはlawmakers（立法府の議員）に。
- Under the new law（新しい法律のもとでは）を、The new law requires...（新しい法律は…を要求する）と言い換えている。
- フランスのBMI基準値は未定なので、WHOのunderweightの基準を示す。
- 罰金と禁固刑の罰則は具体的に。
- やせすぎと拒食症の関係（ファッションの中心フランスで、やせるために拒食症になるモデルが多いということ）を述べている。
- France, the self-proclaimed...（…を自認するフランス）を、France considers itself...（フランスは自らを…と見なす）に。
- 必ずしもニュースの順番通りでなくても、話の筋が通っていればよい。自分が重要だと思うことから述べる。

自己採点シート	
押さえた情報	割
文法的ミス	カ所
言いよどみ	カ所

CNNニュース② Cheating Scandal in India
インドで驚きの大規模カンニング

人々が群がるように建物をよじ登るこの光景。いったい何が起きているのでしょうか……？

Step 1 | 聞き取り

聞き取りのポイントに目を通してから、3回聞き取ります（最後はサイレント・シャドーイング）。英文テキストを見て、分からなかった個所をチェックしましょう。
- 聞き取りのポイント：試験で良い点を取りたいのはどの国の学生も同じ。親が応援したい気持ちも分かりますが、こんなことをしてはいけませんね。

Step 2 | 真似てみる

英文テキストを見ずに音声を聞きながらアクティブ・シャドーイングをしましょう。英文テキストを見て、できたと思うところに下線を引いてから、和訳を読んで意味を確認します。

Step 3 | スピーキング

Words and Phrasesを見ながら、質問に英語で答えます。その後もう一度音声を聞き、A-LiSMをやってみましょう（Words and Phrasesを手がかりにその内容を英語で繰り返す）。

Session 2　CNNニュースでA-LiSMトレーニング

📖 和訳

> インドで発覚した驚きの大規模カンニング
>
> インドで大規模なテストのカンニング事件が明るみに出ました。ビハール州で、(受験生の)家族や友人たちが、文字通り建物にぶら下がっています。彼らは学年末試験を受けている生徒たちに解答を渡しているのです。ここは非常に貧しい地域で、この試験は、生徒たちの今後の運命を左右しかねないものです。地元メディアが報じるところでは、警察はわいろを受け取って、人々がカンニングペーパーを渡せるほど生徒たちに接近するのを見逃したのだそうです。カンニングペーパーを手渡した人々の多くは親たちでした。

📕 Words and Phrases

> massive　大規模な
> cheating　カンニング
> be exposed　発覚する
> family members　家族
> literally　文字通り
> hang off a building　建物にぶら下がる
> the Bihar state　ビハール州
> pass answers to the students　学生たちに答えを渡す
> year-end exams　学年末試験
> make-or-break　運命を左右する、いちかばちかの
> police accept bribes　警察がわいろを受け取る
> hand over[in] cheat sheets　カンニングペーパーを渡す

❓ 質問 (解答例89ページ)

Q1. What are the students doing?

Q2. Why are students' parents hanging off the building?

Q3. Why aren't they punished?

✅ 自分で採点してみよう!

自分のA-LiSMを「模範例」とくらべてみましょう。どれぐらいできましたか?

情報は何割でしたか？　文法的なミスはありませんでしたか？　言いよどみなくすらすらとできましたか？

英文テキスト

> CNN News 2 - Cheating Scandal in India
>
> A massive test-cheating scandal is exposed in India. Family members and friends literally hang off a building in the Bihar state. They're passing answers to the students who are taking their year-end exams. This is a very poor area, and these exams can be make-or-break for the students. Local press is reporting that police accepted bribes to let people get close enough to the students to hand over cheat sheets. Many of the people handing in the cheat sheets were parents.
>
> Aired on March 21, 2015

質問の解答例

A1. They are taking their year-end exams.
A2. It is because they are trying to pass cheat sheets to their sons and daughters.
A3. It is because police accepted money to overlook them.

模範例

> A picture shows a large-scale cheating scandal in India. People are climbing a building to pass answers to the students inside. The students are taking year-end exams. According to the local press, the police were bribed to allow family and friends, mostly parents, to get near the students. Bihar state is a very poor part of India, and the future of the students depends on these exams.

✓ ポイント

- massiveを、同じ意味のlarge-scale（大規模の）に。
- hang off a buildingを、are climbing a building（建物を登っている）に言い換えている。
- どうしてこんなに堂々とカンニングができたのかというと、警察がわいろを受け取っていたからだ、というのは重要な情報。
- 情報源のlocal press（地元メディア）は必須。
- Bihar stateがインドでも特に貧しいことが、この試験の重要性の説明になっている。
- make-or-breakを、the future of the students depends on these exams（生徒たちの将来はこの試験にかかっている）と自分の言葉に言い換えている。

自己採点シート	
押さえた情報	割
文法的ミス	カ所
言いよどみ	カ所

| 🎧✏️🎤 training |

CNNニュース③ Pandemic of Inactivity
運動不足がまん延

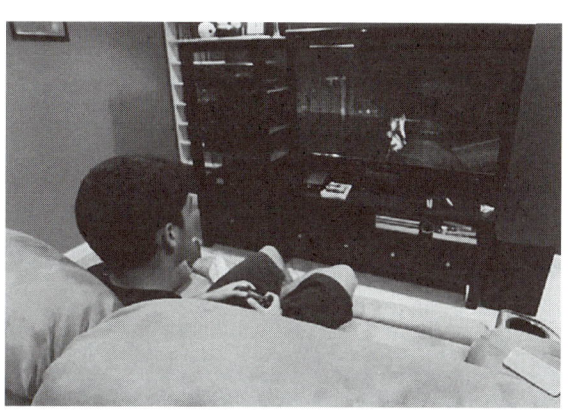

Track 27　Track 28

　次は、運動不足が健康にもたらす影響についての話題です。テレビやパソコンの前で過ごす時間が長い現代人に警鐘を鳴らす研究結果が報告されました。

Step 1 | 聞き取り 🎧

聞き取りのポイントに目を通してから、3回聞き取ります(最後はサイレント・シャドーイング)。英文テキストを見て、分からなかった個所をチェックしましょう。
● 聞き取りのポイント:イギリスの医学雑誌が発表した健康と運動不足の関係についての報告です。

Step 2 | 真似てみる 🎧✏️

英文テキストを見ずに音声を聞きながらアクティブ・シャドーイングをしましょう。英文テキストを見て、できたと思うところに下線を引いてから、和訳を読んで意味を確認します。

Step 3 | スピーキング 🎧🎤

Words and Phrasesを見ながら、質問に英語で答えます。その後もう一度音声を聞き、A-LiSMをやってみましょう(Words and Phrasesを手がかりにその内容を英語で繰り返す)。

Session 2　CNNニュースでA-LiSMトレーニング　091

📖 和訳

> 運動不足がまん延
> 英医学誌ランセットは、身体に関わる憂慮すべき世界的な現象、つまり運動不足についての研究報告を行いました。さて、科学者らによると、世界で10人に1人が運動不足が原因（でかかる疾患）で死亡しているとのことです。ハーバード大学の研究者らによると、運動不足に起因する心疾患や糖尿病およびさまざまな種類のがんで死亡した人の数は、2008年には世界で500万人を超えたそうです。現在、公衆衛生の専門家らは運動不足を世界的な流行病と見なすべきだとし、喫煙や肥満に匹敵する（危険要因だ）と位置づけています。

📘 Words and Phrases

> pandemic 流行病
> the British medical journal Lancet 英医学誌ランセット
> disturbing 憂慮すべき
> phenomenon 現象
> physical inactivity 運動不足
> across the globe 世界中で
> heart disease 心臓病
> diabetes 糖尿病
> various forms of cancer さまざまな種類のがん
> public-health experts 公衆衛生の専門家
> treat ... as …を〜と同等に扱う
> on par with 〜に匹敵する
> smoking 喫煙
> obesity 肥満

❓質問 (解答例は93ページ)

Q1. How serious is physical inactivity for human health?

Q2. Who wants to treat inactivity as a pandemic?

Q3. How many people died from diseases related to physical inactivity in 2008?

✅ 自分で採点してみよう！

自分のA-LiSMを94ページの「模範例」とくらべてみましょう。どれぐらいできましたか？　情報は何割でしたか？　文法的なミスはありませんでしたか？　言いよどみなくすらすらとできましたか？

📄 英文テキスト

> CNN News 3 - Pandemic of Inactivity
>
> The British medical journal Lancet is reporting on a more disturbing world-class physical phenomenon: physical inactivity. Now, scientists say it is causing one in 10 deaths across the globe. And Harvard researchers say inactivity killed more than 5 million people worldwide in 2008 through heart disease, diabetes and various forms of cancer. And now, public-health experts want to treat inactivity as a pandemic, putting it on par with smoking and obesity.
>
> Aired on July 19, 2012

❗質問の解答例

A1. It is causing one in 10 deaths across the globe.

A2. Public-health experts do.

A3. More than 5 million people did.

模範例

> According to the British medical journal Lancet, physical inactivity is a worrying trend worldwide. It's responsible for one in 10 deaths throughout the world. Harvard researchers say that in 2008 more than 5 million people died from inactivity because the inactivity led to heart disease, diabetes, and cancer. That's why public health experts want to list inactivity as a health risk, like smoking and obesity.

✅ ポイント

- ニュースの情報源、the British medical journal Lancet と Harvard researchers は必須。
- disturbing world-class physical phenomenon は、worrying trend worldwide（世界的に心配な動向）と自分の言葉で。
- one in 10 deaths という情報は必須。is causing を is responsible for（〜の原因となる）と言い換えている。
- 5 million people も必須。killed は died に。
- killed...through を、よりはっきり the inactivity led to...（運動不足が…を引き起こした）としている。
- pandemic という言葉を使わずに、health risk（健康上のリスク）に。
- on par with は、like（〜のような）に言い換えている。

自己採点シート	
押さえた情報	割
文法的ミス	カ所
言いよどみ	カ所

| 🎧 🎤 training |

CNNニュース④ Nations Ranked by Quality of Life
生活の質の国別ランキング

Track 29　Track 30

次のニュースは、生まれてくる赤ちゃんにとって一番幸せな国はどこかという話題です。

Step 1 | 聞き取り 🎧

聞き取りのポイントに目を通してから、3回聞き取ります（最後はサイレント・シャドーイング）。英文テキストを見て、分からなかった個所をチェックしましょう。
- 聞き取りのポイント：生まれてくる赤ちゃんにとって一番幸せな国はどこでしょう。エコノミスト誌の調査結果です。

Step 2 | 真似てみる 🎧✏️

英文テキストを見ずに音声を聞きながらアクティブ・シャドーイングをしましょう。英文テキストを見て、できたと思うところに下線を引いてから、和訳を読んで意味を確認します。

Step 3 | スピーキング 🎧🎤

Words and Phrasesを見ながら、質問に英語で答えます。その後もう一度音声を聞き、A-LiSMをやってみましょう（Words and Phrasesを手がかりにその内容を英語で繰り返す）。

Session 2　CNNニュースでA-LiSMトレーニング　095

和訳

生活の質の国別ランキング

エコノミスト誌は、毎年恒例のランキングで、80カ国を対象に「どの国で生まれるのが最も幸せか」を調査しました。今年は、スイスが生活の質でトップに輝きましたが、この順位は、たとえば医療サービスの受けやすさや、出世の機会に恵まれているかなど、さまざまな要因に基づいて決められています。スイスの後には、オーストラリア、ノルウェー、スウェーデン、デンマークが続きました。さて、調査チームによると、対象となった80カ国のうち、2013年に生まれてくる赤ちゃんにとって最悪の国はナイジェリアだということです。

Words and Phrases

annual 毎年の
take top honors for quality of life 生活の質でトップに輝く
based on 〜に基づいて
a variety of factors さまざまな要因
availability of healthcare 医療サービスの受けやすさ
opportunities for advancement 昇進する機会
the worst place 最悪の場所

質問 (解答例97ページ)

Q1. Which country is ranked as the happiest country for a baby to be born?
Q2. How many countries were surveyed?
Q3. Which country is the worst?

自分で採点してみよう！

自分のA-LiSMを「模範例」とくらべてみましょう。どれぐらいできましたか？ 情報は何割でしたか？ 文法的なミスはありませんでしたか？ 言いよどみなくすらすらとできましたか？

英文テキスト

CNN News 4 - Nations Ranked by Quality of Life

An annual ranking from The Economist magazine looked at 80 different countries to see which would be the best place to be born. And this year, Switzerland takes top honors for quality of life based on a variety of factors, including availability of healthcare and opportunities for advancement. Following Switzerland were Australia, Norway, Sweden and Denmark. Now, among 80 countries covered, researchers say Nigeria is the worst place for a baby to enter the world in 2013.

Aired on January 4, 2013

質問の解答例

A1. Switzerland ranked the best.
A2. 80 countries were surveyed.
A3. Nigeria ranked the worst.

模範例

According to the British magazine The Economist, the best place for a baby to be born in 2013 was Switzerland. It was followed by Australia, Norway, Sweden and Denmark. The worst place for a baby to be born was Nigeria. The Economist surveyed the quality of life of 80 countries. They checked access to healthcare and chances of getting ahead.

✓ ポイント

- ニュースの情報源、The Economist は必須。英国の雑誌という情報を追加している。
- this year が 2013 年だということがニュースの最後で分かったので、最初から in 2013 とする。
- トップのスイスに次いで、どの国がいいか、続けて言った方が分かりやすい。
- 最悪はどこの国か、続けて言った方が分かりやすい。ニュースの文の順番にこだわらなくてもいい。
- 80 countries は必須の情報。
- based on a variety of factors, including... と言う代わりに、They checked...（エコノミスト誌は…をチェックした）と言い換えている。
- availability of healthcare は、access to healthcare（医療サービスを利用できる機会）に。
- opportunities for advancement は、chances of getting ahead（出世するチャンス）に。

自己採点シート	
押さえた情報	割
文法的ミス	カ所
言いよどみ	カ所

| 🎧✏️🎤 training |

CNNニュース⑤ Record Smog in Beijing
中国で過去最悪の大気汚染

Track 31 / Track 32

DANGEROUSLY DIRTY AIR
Beijing residents warned to limit outdoor activities
CNN

次に、PM2.5でも話題になった中国の大気汚染についてのニュースを見てみましょう。

Step 1 | 聞き取り

聞き取りのポイントに目を通してから、3回聞き取ります(最後はサイレント・シャドーイング)。英文テキストを見て、分からなかった個所をチェックしましょう。
- 聞き取りのポイント:中国北京市の大気汚染は経済活動や市民生活にどんな影響を与えているでしょうか。

Step 2 | 真似てみる

英文テキストを見ずに音声を聞きながらアクティブ・シャドーイングをしましょう。英文テキストを見て、できたと思うところに下線を引いてから、和訳を読んで意味を確認します。

Step 3 | スピーキング

Words and Phrasesを見ながら、質問に英語で答えます。その後もう一度音声を聞き、A-LiSMをやってみましょう(Words and Phrasesを手がかりにその内容を英語で繰り返す)。

Session 2 CNNニュースでA-LiSMトレーニング 099

📄 和訳

中国で過去最悪の大気汚染

この数日間、北京を訪れた人は、あまり好ましくない光景を目にされたことでしょう。過去最悪のスモッグのせいで建設現場が封鎖され、その他の屋外活動も中止せざるをえなくなったため、北京の企業は打撃を受けています。また、呼吸器系の不調を訴える人やマスクの売り上げが増えていると、国営メディアは報じています。状況は土曜日に最も深刻化しましたが、その日の北京の街は目に見えて人通りが少なくなり、大気汚染のせいで太陽はほとんど見えませんでした。

📘 Words and Phrases

record smog　記録的なスモッグ
Beijing　北京
take a trip to　～へ旅行する
the past couple of days　ここ数日間
If you [動詞の過去形], you would not have liked...
　もし～していたら、…を好ましく思わなかっただろう　▶仮定法の使い方に注意。
take a knock　経済的打撃を受ける
closure of construction sites　建設現場の閉鎖
suspension　（一時的な）停止
outdoor activities　野外活動
breathing problems　呼吸障害
purchase　購入
be on the rise　増えている
peak　ピークに達する
noticeably　目に見えて
be barely visible　ほとんど見えない
polluted air　汚染された大気

❓ 質問（解答例101ページ）

Q1. What happened in Beijing?

Q2. What were people buying to protect themselves?

Q3. Was the city lively as usual?

✅ 自分で採点してみよう！

自分のA-LiSMを「模範例」とくらべてみましょう。どれぐらいできましたか？ 情報は何割でしたか？ 文法的なミスはありませんでしたか？ 言いよどみなくすらすらとできましたか？

💬 英文テキスト

> CNN News 5 - Record Smog in Beijing
>
> If you took a trip to Beijing in the past couple of days, you would not have liked what you saw. Business has taken a knock in Beijing after record smog forced the closure of construction sites and the suspension of other outdoor activities. Now, state media report that breathing problems and the purchase of face masks are on the rise. The problem peaked on Saturday, and that's when the city's streets became noticeably quieter and the sun was barely visible through the polluted air.
>
> Aired on January 14, 2013

❗質問の解答例

A1. The city was hit by record smog.

A2. They were buying masks.

A3. No, it wasn't. The streets were unusually quiet.

模範例

> Beijing has been hit by record smog. The smog has slowed business. They had to close construction sites and suspend outdoor activities. According to the state media, more and more people are suffering from breathing problems and buying face masks. The problem was at its worst on Saturday. The air was so polluted that the sun was almost invisible and people stayed indoors.

✅ ポイント

- BeijingとrecordsmogというmostImportantポイントを最初にもってくる。
- その結果起こった、business, construction, outdoor activitiesへの影響を次に。
- business has taken a knockを、smogを主語にしてhas slowed business（ビジネスを停滞させた）と言い換えている。
- smog forced the closure of construction sitesを、they had to close construction sites（彼らは建設現場を閉鎖しなければならなかった）と言い換えている。
- 続けてthe suspension of other outdoor activitiesは、suspend outdoor activities（野外活動を中止する）に。
- ニュースの情報源、state media（国営メディア）は必須。
- are on the riseはmore and more（ますます）に、The problem peakedはThe problem was at its worst（この問題が最悪だった）、the sun was barely visibleはthe sun was almost invisible（太陽はほとんど見えなかった）に、いずれもより口語的な、やさしい表現に言い換える。
- the city's streets became noticeably quieterは、people stayed indoors（人々は外出を控えた）という意味なので、はっきりそう言う。

自己採点シート	
押さえた情報	割
文法的ミス	カ所
言いよどみ	カ所

102　PART 3　"自分の言葉"で伝えてみる

CNNニュース⑥ NASA Tests "Flying Saucer"
NASAが「空飛ぶ円盤」の飛行実験

最後に取り上げるのは、アメリカが新しい宇宙探査機の実験をしたというニュースです。

Step 1 | 聞き取り

聞き取りのポイントに目を通してから、3回聞き取ります（最後はサイレント・シャドーイング）。英文テキストを見て、分からなかった個所をチェックしましょう。
- 聞き取りのポイント：NASAが新しい探査機の実験をしました。さて、実験は成功したでしょうか。

Step 2 | 真似てみる

英文テキストを見ずに音声を聞きながらアクティブ・シャドーイングをしましょう。英文テキストを見て、できたと思うところに下線を引いてから、和訳を読んで意味を確認します。

Step 3 | スピーキング

Words and Phrasesを見ながら、質問に英語で答えます。その後もう一度音声を聞き、A-LiSMをやってみましょう（Words and Phrasesを手がかりにその内容を英語で繰り返す）。

📝 和訳

> NASA が「空飛ぶ円盤」の飛行実験
>
> NASAは月曜日、「空飛ぶ円盤」を空に打ち上げました。NASAは、今後行われる火星への有人ミッションにこの探査機が貢献できることを望んでいます。気球がその実験機をハワイ上空へと引き上げると、ミサイル試射場の管制室で喝采(かっさい)が起こりました。しかし、その喜びは長くは続きませんでした。巨大なパラシュート、これは宇宙探査機を火星に安全に着陸させる一助となるはずのものですが、これが作動の際、うまく膨らまなかったのです。NASAは、いつものことですが、この実験から学ぶつもりだと話しています。

📘 Words and Phrases

NASA　アメリカ航空宇宙局
flying saucer　空飛ぶ円盤　▶形が似ているため、このような表現をしています。
take to the skies　空に飛び立つ
space agency　宇宙機関
craft　宇宙船　▶ここでは探査機のこと。
play a role　役割を果たす
manned mission to Mars　火星への有人ミッション
a balloon　気球
test vehicle　試験用の乗り物
cheers　歓声
Missile Range Facility　ミサイル試射場
control room　管制室
a giant parachute　巨大なパラシュート
land safely on　～に無事着陸する
inflate　膨らむ
be deployed　作動させられる

❓ 質問 (解答例105ページ)

Q1. What does NASA want to use this craft for?

Q2. Was the test successful?

Q3. Why?

✅ 自分で採点してみよう！

自分のA-LiSMを「模範例」とくらべてみましょう。どれぐらいできましたか？ 情報は何割でしたか？ 文法的なミスはありませんでしたか？ 言いよどみなくすらすらとできましたか？

📋 英文テキスト

CNN News 6 - NASA Tests "Flying Saucer"

NASA took to the skies on Monday with a "flying saucer." The space agency hopes the craft could play a role in a future manned mission to Mars. A balloon lifted the test vehicle into the sky over Hawaii, causing cheers at the Missile Range Facility's control room. The happiness didn't last long, though. A giant parachute that's meant to help spacecraft land safely on Mars didn't inflate when deployed. NASA says, as usual, it will learn from this test.

Aired on June 9, 2015

❗ 質問の解答例

A1. It wants to use it for a manned mission to Mars in the future.
A2. No, it wasn't.
A3. The test wasn't successful because the giant parachute failed to inflate.

模範例

NASA tested a spacecraft which looked like a flying saucer. They hope it can contribute to a manned mission to Mars in the future. In the test, the spacecraft was lifted by a balloon into the skies above Hawaii. But it failed to land safely because the parachute didn't work. NASA hopes to learn from the mistake.

✅ ポイント

- NASA took to the skies は、NASAが実際に飛んだわけではなく言い回しなので、再生しなくてもよい。
- この実験機の形が「空飛ぶ円盤」に似ていることがこのニュースを面白くしているので、最初に言う。
- 何のための実験か (manned mission to Mars) は必須。
- 実験地 Hawaii は入れたい情報。
- NASAのニュースというと最新のハイテク機器が使われていると思いがちだが、空中へ引き上げるのはballoon、着陸はparachuteと、昔からあるなじみのものが使われていることがこのニュースを面白くしているので、入れたい。
- didn't inflate when deployed を、didn't work（正常に作動しなかった）に言い換えている。

自己採点シート	
押さえた情報	割
文法的ミス	カ所
言いよどみ	カ所

| 🎧✏️🎤 training |

Session 3　名演説でA-LiSM(リズム)トレーニング

マララ・ユスフザイさんの国連スピーチ ── ①

Track 08　Track 09

PART 2のシャドーイングで勉強したスピーチでA-LiSMをやってみましょう。今度はセグメント全体を聞き取って、その内容を英語で繰り返します。

Step 1 | 聞き取り 🎧

セグメント全体を聞き取ります。聞きながらメモを取っても構いません。

Step 2 | 真似てみる 🎧✏️

必要に応じてサイレント・シャドーイングやアクティブ・シャドーイングをしてもよいでしょう。

Step 3 | スピーキング 🎧🎤

聞き取った内容を英語で話してみましょう。Words and Phrases は無理に使う必要はありませんが、記憶の手がかりになるので上手に活用してください。

📖 Words and Phrases

it is an honour for me to　〜することは私にとって光栄です
is a great moment in my life　私の人生の素晴らしい瞬間です
I'm wearing　私は身につけている
Benazir Bhutto Shahid　殉職者ベナジル・ブット　▶後に暗殺されたパキスタン初の女性首相。
where to begin　どこから始めるか
what people will be expecting　人々が何を求めているのか
prayed for my fast recovery　私の早い回復を祈った
how much love　どれほどの愛を
good-wish cards and gifts　お見舞いのカードや贈り物
innocent words　無邪気で素朴な言葉
elders　年長者

（スピーチの和訳は56ページを参照）

✅ 自分で採点してみよう！

自分のA-LiSMを「模範例」とくらべてみましょう。どれぐらいできましたか？ 情報は何割でしたか？ 文法的なミスはありませんでしたか？ 言いよどみなくすらすらとできましたか？

模範例

> It is an honour for me to be speaking to you here today. It's an honour to be wearing this shawl which belonged to Benazir Bhutto Shahid.
>
> First of all, I want to thank God and thank you all for praying for my fast recovery and a new life. I cannot believe how much love people have shown me. I have received thousands of cards and gifts from all over the world. Thank you to all of you. Thank you to the children whose words encouraged me. Thank you to my elders whose prayers strengthened me.

✅ ポイント

- it is an honour, honourable people, it's an honour と繰り返しが多いが、再生するときは1回でいい。
- a shawl of Benazir Bhuttoは、this shawl which belonged to Benazir Bhutto（ベナジル・ブットのものだったショール）とはっきり言った方がいい。
- I don't know where to begin..., I don't know what people would be expecting...：これらはあまり意味がないので省く。
- thank God and thank you all（神に、そして皆さんに感謝します）：感謝の気持ちは大事なので、このように言い換えている。
- 何に感謝しているのか、love, cards, gifts, words, prayersのように具体例を挙げると分かりやすい。
- 最後にchildrenとeldersへの感謝を述べる。

英文テキスト

Today, it is an honour for me to be speaking again after a long time. Being here with such honourable people is a great moment in my life. And it's an honour for me that today I'm wearing a shawl of Benazir Bhutto Shahid.

I don't know where to begin my speech. I don't know what people would (will) be expecting me to say. But first of all, thank you to God, for whom we all are equal. And thank you to every person who has prayed for my fast recovery and a new life. I cannot believe how much love people have shown me. I have received thousands of good-wish cards and gifts from all over the world. Thank you to all of them. Thank you to the children whose innocent words encouraged me. Thank you to my elders whose prayers strengthened me.

自己採点シート

押さえた情報	割
文法的ミス	カ所
言いよどみ	カ所

マララ・ユスフザイさんの国連スピーチ ── ②

次も、同じ手順でA-LiSMトレーニングを行いましょう。

Step 1 | 聞き取り
セグメント全体を聞き取ります。聞きながらメモを取っても構いません。

Step 2 | 真似てみる
必要に応じてサイレント・シャドーイングやアクティブ・シャドーイングをしてもよいでしょう。

Step 3 | スピーキング
聞き取った内容を英語で話してみましょう。Words and Phrasesは無理に使う必要はありませんが、記憶の手がかりになるので上手に活用してください。

📘 Words and Phrases

> on the 9th of October 2012　2012年10月9日に
> the bullets would silence us　銃弾が私たちを黙らせる
> out of that silence　黙らせようとしたことから
> they would change my aims　彼らは私の目標を変えさせる
> ambitions　野心、大志
> I am the same Malala.　私は以前と同じマララです。

（スピーチの和訳は58ページを参照）

✅ 自分で採点してみよう！

自分のA-LiSMを「模範例」とくらべてみましょう。どれぐらいできましたか？ 情報は何割でしたか？　文法的なミスはありませんでしたか？　言いよどみなくすらすらとできましたか？

| training |

模範例

> Dear Friends, on October 9, 2012, the Taliban shot me on the left side of my forehead. They shot my friends too. They thought the bullets would silence us. But they failed. Rather than silence, thousands of voices spoke out.
>
> The terrorists hoped to change my aims and stop my ambitions, but they didn't. Nothing has changed in my life except this. In place of weakness, fear and hopelessness, I now have strength, power and courage.
>
> I am the same Malala. My ambitions, my hopes, and my dreams are the same.

✅ ポイント

- out of that silence came thousands of voicesと、詩的に倒置法を使っているが、再生は普通の語順でRather than silence, thousands of voices spoke out.（沈黙の代わりに、何千もの声が上がった）に。
- The terrorists thought that they would change my aims and stop my ambitionsという内容に続いて、they didn't（彼らはしなかった）とはっきり言った方がいい。
- fear and hopelessness died; strength, power and courage was (were) bornを、In place of..., I now have（…の代わりに、今の私には〜がある）と言い換えている。
- I am the same Malala.は大事なポイントなので、できるだけそのまま言う。
- 最後の文のare the sameの繰り返しは省く。

Session 3　名演説でA-LiSMトレーニング　111

英文テキスト

　Dear Friends, on the 9th of October 2012, the Taliban shot me on the left side of my forehead. They shot my friends too. They thought that the bullets would silence us. But they failed. And out of that silence came thousands of voices.

　The terrorists thought that they would change my aims and stop my ambitions, but nothing changed in my life except this: weakness, fear and hopelessness died; strength, power and courage was (were) born.

　I am the same Malala. My ambitions are the same. My hopes are the same. And my dreams are the same.

自己採点シート

押さえた情報	割
文法的ミス	カ所
言いよどみ	カ所

マララ・ユスフザイさんの国連スピーチ ③

マララさんの3つ目のセグメントも、同じ手順でやってみましょう。

Step 1 | 聞き取り
セグメント全体を聞き取ります。聞きながらメモを取っても構いません。

Step 2 | 真似てみる
必要に応じてサイレント・シャドーイングやアクティブ・シャドーイングをしてもよいでしょう。

Step 3 | スピーキング
聞き取った内容を英語で話してみましょう。Words and Phrases は無理に使う必要はありませんが、記憶の手がかりになるので上手に活用してください。

📖 Words and Phrases

> speak in terms of personal revenge against the Taliban
>   タリバンに対して個人的な復讐のために話をする
> for the right of education of every child
>   すべての子どもが教育を受ける権利のために
> all the terrorists and extremists　すべてのテロリストや過激派
> even if there is a gun in my hand　たとえ私の手に銃があったとしても

（スピーチの和訳は60ページを参照）

✅ 自分で採点してみよう！

自分のA-LiSMを「模範例」とくらべてみましょう。どれぐらいできましたか？ 情報は何割でしたか？ 文法的なミスはありませんでしたか？ 言いよどみなくすらすらとできましたか？

模範例

> Dear sisters and brothers, I'm not against anyone. I am not here to speak of personal revenge against the Taliban or any other terrorist group. I'm here to speak up for the right of education for every child.
>
> I want education for the sons and the daughters of all the extremists, especially the Taliban.
>
> I do not even hate the Talib who shot me. Even if he stands in front of me and I have a gun in my hand, I would not shoot him.

✅ ポイント

- Dear sisters and brothersは後で出てくるsons and daughters（息子や娘たち）につながるので入れておきたい。
- Neither am I hereのような倒置法は、I am not hereと普通の語順に。
- sons and daughtersは普通childrenにするが、ここではdaughters（娘たち）を強調したいのでこのままに。
- Even if there is a gun in my hand and he stands in front of meは、Even if he stands in front of me and I have a gun in my hand（たとえ彼が私の前に立ち、私の手に銃があったとしても）の方が論理的。
- 全体を通して、復讐の気持ちや憎しみがないことを強調しているので、これらの言葉は省かずに。
  - I'm not against anyone
    （私はだれも敵視していません）
  - I am not here to speak of personal revenge
    （ここで話しているのは個人的な復讐心を抱いているからではありません）
  - I do not even hate the Talib
    （タリバン兵のことも、私は憎んでいません）
  - I would not shoot him
    （私は彼を撃たないでしょう）

英文テキスト

Dear sisters and brothers, I'm not against anyone. Neither am I here to speak in terms of personal revenge against the Taliban or any other terrorist group. I'm here to speak up for the right of education of every child.

I want education for the sons and daughters of the Taliban and all the terrorists and extremists.

I do not even hate the Talib who shot me. Even if there is a gun in my hand and he stands in front of me, I would not shoot him.

自己採点シート	
押さえた情報	割
文法的ミス	カ所
言いよどみ	カ所

スティーブ・ジョブズの伝説のスピーチ ── ①

スティーブ・ジョブズ氏のスピーチも、同じ手順でA-LiSMをやってみましょう。

Step 1 | 聞き取り
セグメント全体を聞き取ります。聞きながらメモを取っても構いません。

Step 2 | 真似てみる
必要に応じてサイレント・シャドーイングやアクティブ・シャドーイングをしてもよいでしょう。

Step 3 | スピーキング
聞き取った内容を英語で話してみましょう。Words and Phrasesは無理に使う必要はありませんが、記憶の手がかりになるので上手に活用してください。

📖 Words and Phrases

I'm honored to be	〜できて光栄です
commencement from	（大学）の卒業式
never graduated	卒業したことがない
this is the closest	これが最も近い
I want to tell you	皆さんにお伝えしたい
The first story is	最初のお話は
I dropped out	私は中退した
as a drop-in	モグリの学生として
So why...?	それでは、なぜ…？

（スピーチの和訳は63ページを参照）

✅ 自分で採点してみよう！

自分のA-LiSMを「模範例」とくらべてみましょう。どれぐらいできましたか？ 情報は何割でしたか？ 文法的なミスはありませんでしたか？ 言いよどみなくすらすらとできましたか？

training

模範例

> I'm honored to be with you today at your graduation ceremony from one of the best universities in the world. I never graduated from university myself, so this is the closest I've ever come to a college graduation. Today I want to tell you three stories from my life. The first story is about connecting the dots.
>
> I dropped out of Reed College after six months. I stayed around as a drop-in for another 18 months. Then I really quit. I want to tell you why I dropped out.

✓ ポイント

- commencement = graduation ceremony（卒業式）。アメリカではcommencementが多く使われる。
- finest = best（最高の）
- Truth be told は To tell you the truth（本当のことを言うと）。とくに意味はないので、再生しなくてもいい。
- アメリカでは college = university。
- That's it. No big deal. Just three stories.：このような繰り返しは再生しなくていい。
- the first six months は six months だけでいい。
- ...before I really quit は、Then（その後）を使って、聞いている人に分かりやすいように言い換える。

Session 3　名演説でA-LiSMトレーニング　117

英文テキスト

I'm honored to be with you today for your commencement from one of the finest universities in the world. Truth be told, I never graduated from college and this is the closest I've ever gotten to a college graduation. Today I want to tell you three stories from my life. That's it. No big deal. Just three stories. The first story is about connecting the dots.

I dropped out of Reed College after the first six months but then stayed around as a drop-in for another 18 months or so before I really quit. So why did I drop out?

自己採点シート

押さえた情報	割
文法的ミス	カ所
言いよどみ	カ所

スティーブ・ジョブズの伝説のスピーチ ── ②

同じ手順でA-LiSMトレーニングを行いましょう。

Step 1 | 聞き取り
セグメント全体を聞き取ります。聞きながらメモを取っても構いません。

Step 2 | 真似てみる
必要に応じてサイレント・シャドーイングやアクティブ・シャドーイングをしてもよいでしょう。

Step 3 | スピーキング
聞き取った内容を英語で話してみましょう。Words and Phrasesは無理に使う必要はありませんが、記憶の手がかりになるので上手に活用してください。

Words and Phrases

17 years later　17年後
I chose a college　大学を選んだ
as expensive as　～と同じくらい高額の
working-class parents' savings　労働者階級の両親の蓄え
college tuition　大学の授業料
after six months　6カ月後
I had no idea　まったく分からなかった
figure it out　（答えを）見つけ出す
I was spending　使おうとしていた
I decided to　～する決断をした
It was scary　怖かった
one of the best decisions　最良の決断のひとつ
take required classes　必修科目を取る
dropping in on　～をモグリで受講すること

（スピーチの和訳は65ページを参照）

✅ 自分で採点してみよう！

自分のA-LiSMを「模範例」とくらべてみましょう。どれぐらいできましたか？ 情報は何割でしたか？ 文法的なミスはありませんでしたか？ 言いよどみなくすらすらとできましたか？

模範例

> 　17 years later, I went to college. The tuition was almost as expensive as Stanford, so it used up all of my working-class parents' savings.
>
> 　After six months, I couldn't see the value of a college education. I didn't know what I wanted to do with my life, or how I was going to find that out in college. But I was spending all of my parents' life's savings. So I decided to drop out of college.
>
> 　It was pretty scary, but it was one of the best decisions I ever made because I could stop taking the required classes that didn't interest me, and take classes that looked much more interesting.

✅ ポイント

- Stanfordで話しているので、同校の授業料が高いことは言う必要あり。
- all of my working-class parents' savings were being spentは、it used up all of my working-class parents' savingsと、受動態を能動態にする。
- I had no ideaを、I didn't know（私は分からなかった）に。繰り返しは省く。
- figure it outを、find out（見つけ出す）と言い換えている。
- all of the money my parents had saved their entire lifeは、前に使ったall of my parents'（life's）savingsを使う。英語ではとくに書き言葉では、繰り返しを嫌って別の言い方をすることを好むが、この練習では分かりやすさの方が大事なので、同じ言い回しを使う。
- The minute I dropped out（自分が中退した途端）のような強調表現は省く。
- その決断がなぜよかったかという理由は大事。

PART 3 "自分の言葉"で伝えてみる

英文テキスト

　And 17 years later, I did go to college, but I naively chose a college that was almost as expensive as Stanford, and all of my working-class parents' savings were being spent on my college tuition.

　After six months, I couldn't see the value in it. I had no idea what I wanted to do with my life, and no idea how college was going to help me figure it out, and here I was, spending all of the money my parents had saved their entire life. So I decided to drop out and trust that it would all work out OK.

　It was pretty scary at the time, but looking back it was one of the best decisions I ever made. The minute I dropped out I could stop taking the required classes that didn't interest me, and begin dropping in on the ones that looked far more interesting.

自己採点シート

押さえた情報	割
文法的ミス	カ所
言いよどみ	カ所

スティーブ・ジョブズの伝説のスピーチ —— ③

ジョブズ氏の3つ目のセグメントも、同じ手順でやってみましょう。

Step 1 | 聞き取り

セグメント全体を聞き取ります。聞きながらメモを取っても構いません。

Step 2 | 真似てみる

必要に応じてサイレント・シャドーイングやアクティブ・シャドーイングをしてもよいでしょう。

Step 3 | スピーキング

聞き取った内容を英語で話してみましょう。Words and Phrases は無理に使う必要はありませんが、記憶の手がかりになるので上手に活用してください。

Words and Phrases

you can't connect the dots	点と点を結ぶことはできない
you have to trust	信じなければいけない
gut	勇気、根性
destiny	運命、宿命
karma	カルマ、因縁（いんねん）
believing that the dots will connect	点と点がつながると信じること
confidence to follow your heart	自分の心に従う自信
off the well-worn path	月並みな道を外れて
make all the difference	大きな違いをもたらす

（スピーチの和訳は67ページを参照）

✅ 自分で採点してみよう！

自分のA-LiSMを「模範例」とくらべてみましょう。どれぐらいできましたか？ 情報は何割でしたか？ 文法的なミスはありませんでしたか？ 言いよどみなくすらすらとできましたか？

模範例

> You can't connect the dots of the future. You can only connect the dots of the past. You just hope that the dots will connect in your future. You must believe in something, yourself, your destiny, your life, your fate. If you believe the dots will connect in your future, you will have confidence in following your heart even if it takes you off the usual course. That will make a big difference.

✅ ポイント

- looking forward（将来に目を向けて）＝ in the future。最近は「今後、これから」という意味で going forward という言い方をよくする。
- looking backwards（過去を振り返って）＝ in the past
- trust ＝ believe（信じる）
- your gut を、yourself（自分自身）と言い換えている。
- karma ＝ destiny ＝ fate（運命）
- even when it leads you off the well-worn path を、even if it takes you off the usual course（通常の道を外れることになったとしても）に言い換えている。
- and that will make all the difference.：これを聞いて米国の詩人ロバート・フロストの詩 "The Road Not Taken"（選ばれざる道）を連想できたら言うことなし。ジョブズがこの有名な詩の最後の部分を引用しているのが分かるでしょう。

　　Two roads diverged in a wood, and I —
　　森の中で二手に分かれた道、そして私は
　　I took the one less traveled by,
　　私は人があまり通らない方を選んだ
　　And that has made all the difference.
　　そしてそれが大きな違いをもたらしたのだ

📄 英文テキスト

Again, you can't connect the dots looking forward. You can only connect them looking backwards, so you have to trust that the dots will somehow connect in your future. You have to trust in something—your gut, destiny, life, karma, whatever — because believing that the dots will connect down the road will give you the confidence to follow your heart, even when it leads you off the well-worn path, and that will make all the difference.

自己採点シート	
押さえた情報	割
文法的ミス	カ所
言いよどみ	カ所

Session 4 名演説で上級 A-LiSM（リズム）に挑戦!

マララ・ユスフザイさんの国連スピーチ ④

　最後に上級のA-LiSMに挑戦しましょう。マララさんとジョブズ氏のセグメントが2つずつ、いずれも心に残る素敵な言葉です。このまま覚えてしまって座右の銘にしてもいいと思います。最後は一回だけ聞いて行うA-LiSMにも挑戦してほしいので、いずれも短めになっています。

　スピーチの締めくくり近く、マララさんは "We must not forget..." という表現を3回繰り返して、世界中の人々に呼びかけます。この力強いメッセージを、A-LiSMを使って自分の言葉として発してみましょう。

Step 1 | 聞き取り
まず全体を聞きましょう。次に、メモをとりながらもう一度聞きましょう。

Step 2 | スピーキング その1
A-LiSMをやってみましょう。聞いた英語を自分の言葉で繰り返します。

✅ **自分で採点してみよう!**
英文テキストと照らし合わせて情報、文法ミス、言いよどみについて自己診断しましょう。

Step 3 | スピーキング その2
Words and Phrasesと和訳に目を通して理解を確かめてから、最後にもう一度音声を聞いて、A-LiSMをやってみましょう。

✅ **自分で採点してみよう!**
模範例とくらべてみましょう。

和訳

親愛なる少年少女の皆さん、私たちは今もなお何百万もの人たちが貧困、不当な扱い、そして無学に苦しんでいることを忘れてはいけません。何百万もの子どもたちが学校に行っていないことを忘れてはいけません。少女たち、少年たちが明るい、平和な未来を待ち望んでいることを忘れてはいけません。

Words and Phrases

suffer from poverty　貧困に苦しむ
injustice　不当な扱い、不正義
ignorance　無知、無学
peaceful　平和な

模範例

Dear brothers and sisters, we must not forget the millions of people who are suffering from poverty, injustice, and ignorance. We must not forget the millions of children who cannot go to school. They, too, want a bright, peaceful future. We must not forget that.

ポイント

- poverty, injustice, ignoranceは重要なのでそのまま。
- children are out of their schools を、children who cannot go to school(学校に通えない子どもたち)と言い換えている。
- are waiting for は want に。
- We must not forget という重要なメッセージで終える。

英文テキスト

Dear brothers and sisters, we must not forget that millions of people are suffering from poverty, injustice and ignorance. We must not forget that millions of children are out of their schools. We must not forget that our sisters and brothers are waiting for a bright, peaceful future.

自己採点シート

押さえた情報	割
文法的ミス	カ所
言いよどみ	カ所

マララ・ユスフザイさんの国連スピーチ ──⑤

スピーチの締めくくりです。「教育で世界を変えることができる」という祈りにも似た言葉は静かな感動を呼び起こします。

Step 1 | 聞き取り

まず全体を聞きましょう。次に、メモをとりながらもう一度聞きましょう。

Step 2 | スピーキング その1

A-LiSMをやってみましょう。聞いた英語を自分の言葉で繰り返します。

✓ 自分で採点してみよう！

英文テキストと照らし合わせて情報、文法ミス、言いよどみについて自己診断しましょう。

Step 3 | スピーキング その2

Words and Phrasesと和訳に目を通して理解を確かめてから、最後にもう一度音声を聞いて、A-LiSMをやってみましょう。

✓ 自分で採点してみよう！

模範例とくらべてみましょう。

和訳

> 　世界中で非識字、貧困、そしてテロと闘いましょう。本とペンを手に取りましょう。それらは私たちにとってもっとも強力な武器なのです。
> 　1人の子ども、1人の教師、1冊の本、そして1本のペンが世界を変え得るのです。教育こそがただひとつの解決策です。教育を第一に。

🎧✏️🎤 training

📘 Words and Phrases

wage a struggle　闘争を行う
illiteracy　非識字、無学、読み書きができないこと
pick up　〜を手に取る
weapons　武器
solution　解決策

模範例

　So let us fight poverty, terrorism, and illiteracy. Let us pick up our books and pens because they are our most powerful weapons.
　One child, one teacher, one book, and one pen can change the world. Education is the only solution. Education should come first.

✅ ポイント

- wage a struggleは、fight（闘う）に。
- illiteracy, poverty and terrorismを、poverty, terrorism and illiteracyと順番を変えて、この後の本とペンの話につなげる。
- becauseを挿入して、より分かりやすく。
- Education firstという標語は、Education should come firstと文にすることで、より分かりやすくする。

📄 英文テキスト

　So let us wage a global struggle against illiteracy, poverty and terrorism. Let us pick up... Let us pick up our books and our pens. They are our most powerful weapons.
　One child, one teacher, one book and one pen can change the world. Education is the only solution. Education first.

Session 4　名演説で上級 A-LiSM に挑戦！　129

自己採点シート	
押さえた情報	割
文法的ミス	カ所
言いよどみ	カ所

スティーブ・ジョブズの伝説のスピーチ——④

　スティーブ・ジョブズの伝説のスピーチの4弾目は、「他人の言葉に惑わされてはいけない。自分が本当にやりたいことをしよう」というジョブズ氏の強い信念が表れている個所です。

Step 1 | 聞き取り

まず全体を聞きましょう。次に、メモをとりながらもう一度聞きましょう。

Step 2 | スピーキング その1

A-LiSMをやってみましょう。聞いた英語を自分の言葉で繰り返します。

✓ 自分で採点してみよう！

英文テキストと照らし合わせて情報、文法ミス、言いよどみについて自己診断しましょう。

Step 3 | スピーキング その2

Words and Phrasesと和訳に目を通して理解を確かめてから、最後にもう一度音声を聞いて、A-LiSMをやってみましょう。

✓ 自分で採点してみよう！

模範例とくらべてみましょう。

📖 和訳

> 私は17歳の時、「毎日、これが人生最後の日と思って生きなさい。やがて必ず、その通りになる日がくるから」というような言葉が引用されているのを読みました。私はそれに感銘を受けました。そしてそれから33年間、私は毎朝鏡を見て自分に問いかけてきました。「もし今日が自分の人生最後の日だとしたら、今日やろうとしていることを私は本当にやりたいだろうか？」と。その答えが「ノー」の日があまりに何日も続くと、そろそろ何かを変える必要があることに気づきます。

📖 Words and Phrases

> quote　引用文
> as if it was your last (day)　あたかもそれがあなたの最後の日のように
> made an impression on me　私に強い印象を与えた
> since then　それ以来
> whenever　〜するときはいつでも
> in a row　続けて

模範例

> When I was 17, I read a quote. It said, "If you live each day as if it were your last day, someday you're going to be right." I was impressed by this idea. Since then, for the past 33 years, I have looked in the mirror every morning and asked myself, "If today were the last day of my life, would I want to do what I am going to do today?" When the answer continues to be "No" for many days, I know it is time to change something.

✅ ポイント

- a quote that went something likeを、I read a quote. It saidとシンプルに言い換えている。
- quoteの中身は大事なので、できるだけ正確に。
- It made an impression on meは、I was impressed byに。
- what I am about to doは、what I am going to doに。
- whenever the answer has been "No" for too many days in a rowを、When the answer continues to be "No" for many daysと言い換えている。
- I need to change somethingは、it is time to change something（何かを変えるべき時がきた）の方が分かりやすい。

英文テキスト

When I was 17, I read a quote that went something like "If you live each day as if it was your last, someday you'll most certainly be right." It made an impression on me, and since then, for the past 33 years, I have looked in the mirror every morning and asked myself, "If today were the last day of my life, would I want to do what I am about to do today?" And whenever the answer has been "No" for too many days in a row, I know I need to change something.

自己採点シート

押さえた情報	割
文法的ミス	カ所
言いよどみ	カ所

スティーブ・ジョブズの伝説のスピーチ ⑤

　ジョブズ氏は大学を卒業する学生たちに「人生は短い。自分の心と直感に従って勇気をもって人生を歩んでください」という強い励ましの言葉を贈りました。いくつになっても、何度聞いても、この言葉には勇気づけられます。どうぞA-LiSMの練習を通して、ジョブズ氏が後世に残したメッセージを自分の言葉にしてください。

　ジョブズ氏はスピーチを"Stay hungry, stay foolish."「ハングリーなままでいてください。愚かなままでいてください」という有名な言葉で締めくくりました。「人生の経験を積むうちに、他人から聞いた借り物の知恵で自分の目を曇らせてはいけない、自分らしい人生を生きなさい」という意味が込められていると思います。

Step 1 | 聞き取り

まず全体を聞きましょう。次に、メモをとりながらもう一度聞きましょう。

Step 2 | スピーキング その1

A-LiSMをやってみましょう。聞いた英語を自分の言葉で繰り返します。

✓ 自分で採点してみよう！

英文テキストと照らし合わせて情報、文法ミス、言いよどみについて自己診断しましょう。

Step 3 | スピーキング その2

Words and Phrasesと和訳に目を通して理解を確かめてから、最後にもう一度音声を聞いて、A-LiSMをやってみましょう。

✓ 自分で採点してみよう！

模範例とくらべてみましょう。

和訳

皆さんの時間は限られています。ほかの誰かの人生を生きて無駄にしてはいけません。定説にとらわれないでください。それは他の人たちの思考の結果に従って生きることだからです。他人の意見という雑音によって、自分の内なる声がかき消されてしまわないようにしてください。そして最も重要なことですが、自分の心や直感に従う勇気を持ってください。心や直感では、あなたは自分が本当は何になりたいのかすでに分かっています。他のことはすべて二の次です。

Words and Phrases

be trapped by　～にとらわれる
dogma　定説
drown out　～をかき消す
inner voice　内なる声
courage　勇気
intuition　直感
secondary　二次的な、あまり重要でない

模範例

Your time is limited, so don't waste it. Don't live someone else's life. Don't be influenced by dogma. Dogma is the result of other people's thinking. Rather than other people's opinions, you must listen to your inner voice. Have the courage to follow your heart and intuition because in your heart, you already know what you want to become. That's the most important thing and other things are not important.

✅ ポイント

- be trapped by dogmaを、be influenced by dogma（定説に流される）に。
- dogma, which is living with the results of other people's thinkingを、Dogma is the result of other people's thinkingと言い換えている。
- Don't let the noise of...drown out your own inner voiceを、Rather than..., you must listen to your inner voice（…ではなく、自らの内なる声に耳を傾けなければなりません）と言い換えている。
- They...knowのTheyは、heart and intuitionのことだが、you knowという意味なのでストレートにそう言う。
- 最後に何が重要かを強調する。
- secondaryを、not important（重要ではない）に。

📄 英文テキスト

> Your time is limited, so don't waste it living someone else's life. Don't be trapped by dogma, which is living with the results of other people's thinking. Don't let the noise of others' opinions drown out your own inner voice, and most important, have the courage to follow your heart and intuition. They somehow already know what you truly want to become. Everything else is secondary.

自己採点シート

押さえた情報	割
文法的ミス	カ所
言いよどみ	カ所

Reproduction Practice ＋A

応用力を養う
トレーニング

1 │「耳」で聞いた内容を「口」に出す
── 再生練習（Reproduction Practice）

「言葉」ではなく「意味」を再生する

　シャドーイングやA-LiSM(リズム)とともに、話す力をつけるために有効なのが、リプロダクション（reproduction）、聞いたことを再生する練習です。

　リプロダクションは、耳で聞いた英語を自分が言ってみるトレーニング法。シャドーイングと違うのは、

①「聞きながら言う」のではなく、「聞き終わってから話す」
②必ずしも「一言一句、聞いた通りに言う」のではなく、「聞いた内容を再生する」

　この2点です。そしてその場合、別の言葉を使っても構わないということです。実は、別の言葉を使う方が難しいといえます。同じ意味を表す別の言葉を知っていないとできないからです。

　まず短い文章から始めて、だんだん長くしていきます。最初は、聞いた通り言うのでOKです。ただし、この練習もシャドーイング同様、テキストを見ながら行ってはいけません。それでは、初めて英語を習った中学生のとき、先生の"Repeat after me."という指示に従って読んだのと同じでリーディングの練習になってしまい、リプロダクション（再生）にはならないからです。

　大事なことは「テキストを絶対に見ないこと」。英語の音声を聞いて、ポーズの間に今聞いた英語の内容を声に出して言ってみましょう。

　ここでは、皆さんが知っている「桃太郎」を使ってリプロダクションの練習をします。以下はその一節です。

> There lived an old man and an old woman.

| reproduction practice +A |

　このくらいの長さの文なら問題なく再生できるでしょう。
　次は、もう少し長い文で試してみましょう。

Once upon a time, there lived an old man and an old woman.

　このくらい長くなると、どうでしょう。何度も繰り返し聞けば覚えられるでしょうが、一度聞いただけで再生するのは難しいかもしれません。
　ただ、リプロダクションは意味を再生できればよいので、一語一句同じである必要はありません。いえ、むしろ同じ意味を"自分の言葉"で再生できた方がいいのです。

　今度はさらに長い文章にチャレンジしてみましょう。

Once upon a time, there lived an old man and an old woman. Their house stood between a mountain and a river.

　このくらい長くなると、一度聞いただけでは覚えられないのが普通でしょう。そこで、必然的に前述した「言葉」ではなく、「意味」を再生することになります。聞いた内容を"自分の言葉"で再生できてこそ、本当に英語力がついたといえます。これをさらに長くしていったのが本書のPART 3で紹介したA-LiSMトレーニングです。
　ところが、この"自分の言葉"でというのが実は「くせもの」なのです。言うは易しで、実際にやってみるとなかなかできるものではありません。そんなことが簡単にできれば、「今さら勉強なんか必要ない！」と怒る人もいるかもしれませんね。

　耳で聞いた通りを言うのではなく、記憶力だけに頼るのでもなく、聞いた内容を"自分の言葉"で表現する――。どのようなトレーニングをすれば、そうした力がつくのでしょうか。その応用力を養う練習をこれから紹介していきます。

「桃太郎」を英語で伝えてみる

　最初にやってみたいのは桃太郎（Momotaro）の話です。おとぎ話のように誰もがストーリーを知っているものは、リプロダクションの練習に適しています。リスニングでつまずくことなく、本来の目的であるリプロダクションに専念できるからです。

また、おとぎ話は子ども向けに平易な英語で語られていることや繰り返しが多いのも、リプロダクションに向いている理由のひとつです。何度も同じことを言うチャンスがあるので、初めはうまくできなくても何回目かには上手にできるようになるはずです。

　まず「桃太郎」のあらすじを短い英文でリプロダクションしてみましょう。このくらいの長さの文なら、問題なく再生できるのではないでしょうか。

桃太郎｜その1

英文テキストを見ずに、聞こえた英文を覚えて、音声のポーズの間に声に出して言ってみましょう。

📘 Words and Phrases

pick up　手に取る、拾い上げる
jump out of　〜から飛び出す
name　〜に名前をつける
march down to　〜にずんずんと進む

140　Reproduction Practice +A

reproduction practice +A

和訳

①おじいさんとおばあさんが住んでいました。
②おじいさんは山を上っていきました。
③おばあさんは川まで下りていきました。
④大きな桃がおばあさんの目に入りました。
⑤その桃は動きはじめました。
⑥おじいさんは包丁を手に取りました。
⑦桃の中から男の赤ちゃんが飛び出してきました。
⑧「何て名前をつけましょう?」
⑨「桃太郎と呼ぶことにしよう」
⑩桃太郎は海に向かって歩きはじめました。

次は、もう少し長い文で試してみましょう。意味が再生できればよいので、一語一句同じである必要はありません。

桃太郎 | その2　　Track 44

英文テキストを見ずに、聞こえた英文を覚えて、音声のポーズの間に声に出して言ってみましょう。できれば"自分の言葉"で言い換えてみましょう。

Words and Phrases

once upon a time　昔々
bobbing and rolling　上下にゆれたりぐるぐる回ったりして
place the peach　桃を置く
just then　そのとたんに
pheasant　キジ

和訳

①昔々、おじいさんとおばあさんが住んでいました。
②おじいさんは毎日木を切るために山を上っていきました。
③おばあさんは毎日洗濯するために川まで下りていきました。
④おばあさんが洗濯を終えたとき、大きな桃が目に入りました。
⑤その桃は動きはじめ、水の中で上下にゆれたりぐるぐる回ったりしました。

⑥おじいさんはテーブルの上に桃を置き、包丁を手に取りました。
⑦そのときです。桃の中から元気な男の赤ちゃんが飛び出してきました。
⑧「何て名前をつけましょう?」おばあさんは言いました。
⑨「桃から生まれたから、桃太郎と呼ぶことにしよう」
⑩桃太郎とイヌ、サル、そしてキジは海に向かって歩きはじめました。

今度はさらに長い文章にチャレンジしてみましょう。このくらい長くなると、一度聞いただけでは覚えられないのが普通でしょう。自然に「言葉」ではなく、「意味」を再生することになります。

桃太郎｜その3

Track 45

英文テキストを見ずに、聞こえた英文を覚えて、音声のポーズの間に声に出して言ってみましょう。できれば"自分の言葉"で言い換えてみましょう。

Words and Phrases

stand　（ある場所に）建つ、ある
as always　いつものように
break in two　2つに分かれる
well　ええと、うーん
fine ship　立派な船

和訳

①昔々、おじいさんとおばあさんが住んでいました。ふたりの家は山と川の間にありました。
②おじいさんは毎日木を切るために山を上り、おばあさんは洗濯するために川まで下りていきました。
③ある日、いつものようにおばあさんは川まで下りていきました。おばあさんが洗濯を終えて顔を上げると、大きな桃が目に入りました。
④その大きな丸い桃はおばあさんに向かって動きはじめ、水の中で上下にゆれたりぐるぐる回ったりしました。
⑤おじいさんはテーブルの上に桃を置き、包丁を手に取りました。そのときです。桃が半分に割れ、中から元気な男の赤ちゃんが飛び出してきました。
⑥「何て名前をつけましょう?」おばあさんは聞きました。「そうさね」おじいさんは答えました。「桃から生まれたから、桃太郎と呼ぶことにしよう」

⑦桃太郎とイヌ、サル、そしてキジは海に向かって歩きはじめました。浜辺には立派な船が待っていました。

おとぎ話は子ども向きとはいっても、各国の歴史や文化的背景を反映していて、大変奥が深い世界なので、外国のおとぎ話に挑戦してみるのも面白いかもしれません。

よく知られている「赤ずきんちゃん」(Little Red Riding Hood) の話をとってみても、「おばあさんが森の中でひとり暮らし？」「おばあさんの具合が悪いのに、孫を見舞いに行かせるだけ？」「オオカミの出るような森を通ってひとりでお使いに行かせるの？」「猟師が猟銃で撃って終わり？」等々、たくさん疑問がわいてきます。

英文テキスト

Momotaro 1
① There lived an old man and an old woman.
② The old man went up the mountain.
③ The old woman went down to the river.
④ The old woman saw a big peach.
⑤ The peach began to move.
⑥ The old man picked up a knife.
⑦ A baby boy jumped out of the peach.
⑧ "What shall we name him?"
⑨ "Let's call him Momotaro."
⑩ Momotaro went marching down to the sea.

Momotaro 2
① Once upon a time, there lived an old man and an old woman.
② Each day, the old man went up the mountain to cut wood.
③ Each day, the old woman went down to the river to wash clothes.
④ When the old woman finished the washing, she saw a big peach.
⑤ The peach began to move, bobbing and rolling in the water.
⑥ The old man placed the peach on the table and picked up a knife.
⑦ Just then, a healthy baby boy jumped out of the peach.

⑧ "What shall we name him?" the old woman said.
⑨ "He was born from a peach. So let's call him Momotaro."
⑩ Momotaro, the dog, the monkey, and the pheasant went marching down to the sea.

Momotaro 3

① Once upon a time, there lived an old man and an old woman. Their house stood between a mountain and a river.
② Each day, the old man went up the mountain to cut wood, and the old woman went down to the river to wash clothes.
③ One day, as always, the old woman went down to the river. When she finished the washing, she looked up and saw a great big peach.
④ The big round peach began to move toward her, bobbing and rolling in the water.
⑤ The old man placed the peach on the table and picked up a knife. Just then the peach broke in two and a healthy baby boy jumped out of the peach.
⑥ "What shall we name him?" the old woman asked. "Well," the old man replied. "He was born from a peach. So let's call him Momotaro."
⑦ Momotaro, the dog, the monkey, and the pheasant went marching down to the sea. There on the beach, a fine ship was waiting for them.

2 | 「表現」を変えて言ってみる

いつも「I...」にならないようにする

　外国語の上達に一番必要なのは、柔軟性ではないでしょうか。勉強した言葉が実用的なものになるかどうかの差は、「耳がいい」とか「記憶力がいい」とかよりも、実は柔軟性があるかないかの方が大きいのです。

　自分の話が相手に通じないとき、皆さんはどうするでしょうか。大きな声を出す人もいるでしょうし、ゆっくり話す人もいるかもしれません。

　でも、同じ言い方を何度繰り返しても、残念ながら通じないことが多いでしょう。そこで、違う言い方をしてみる必要が生じるのですが、そういう柔軟性は日頃から訓練しておかないと、とっさには出てきません。

　ここでは、その柔軟性を養う練習をしてみましょう。

①I like summer because it is a time when I can be more active.
　私は夏が好きです。なぜなら、もっと活動的になれる季節だからです。

　この文章を違う言い方で言うとしたら、どうすればいいでしょうか。すぐにはちょっと思いつかない人は、まず、文頭の言葉を変えてみることをおすすめします。たとえば、I like...の代わりにBecause... で始めてみましょう。

Because...

　これは、主節 (I like summer) と従属節 (because it is a time when I can be more active) の順序を変えるだけでできます。

②Because it is a time when I can be more active, I like summer.
　もっと活動的になれる季節だから、私は夏が好きです。

このようにBecause...で始める文は、書き言葉ではよく使われますが、話し言葉ではあまり使われません。英語では先に結論を言う方が好まれるからです。「理由→結論」よりも、「結論→理由」の順番の方が、英語では自然なのです。日本語と逆ですね。

キーワードを先に持ってくる

　次は、もう少し工夫が必要になります。今度は目的語のSummer...で文を始めてみます。I like summer...を別の言い方で言ってみましょう。

Summer...

③ Summer is my favorite season because it is a time when I can be more active.
　夏は私の好きな季節です。なぜなら、もっと活動的になれるときだからです。

　キーワードのsummerを冒頭に持ってくるのはとても効果的です。聞いている人に「夏」の話だということがすぐ分かるからです。
　同様に、My favorite season（私の好きな季節）で始めるのも、何の話かすぐ分かるという利点があります。

④ My favorite season is summer because it is a time when I can be more active.
　私の好きな季節は夏です。なぜなら、もっと活動的になれるときだからです。

話し言葉は文を短くする

　では、次の場合はどうでしょう。以下のような言い方もできます。

In summer...

⑤ In summer, I can be more active. That is why it is my favorite season.
　夏に私はもっと活動的になれます。だから、夏が私の好きな季節なのです。

146　Reproduction Practice +A

短い文が2つ続くので、書く場合には1つの文にするよう指導されるかもしれませんが、話し言葉ではまったく問題ありません。聞いたときに分かりやすいように、話し言葉では長い文より短い文を使いましょう。

英語は結論を先に言う

では、この文をI... で始めて言ってみるのはどうでしょうか。

I...

I... で始めるには、⑤の文を少し変えればいいのです。

⑥ I can be more active in summer, so it is my favorite season.
　私は夏にはもっと活動的になれます。だから、私の好きな季節です。

ただし、⑤と⑥は理由が先に来るので、結論が先の①、③、④ の言い方の方がおすすめです。「英語ではとにかく結論を先に言う」ということを覚えておきましょう。

日頃からこういうトレーニングをして柔軟性を養っておくと、とっさのときにも、ひとつの言い方で通じなければ、別の言い方ができるようになります。これは通訳にも役立つトレーニングです。
　この練習を続けているうちに、どの言葉で始めても、文を続けられるようになるはずです。

3 | 「時系列の表現」の練習

　柔軟性を身につけるために、もうひとつ役に立つのが、人やもの、出来事や現象の関係を表す言い回しをたくさん使えるようにすることです。
　本書では、そのうちでもとくによく使われる時系列、比較、原因と結果の表現を練習していきます。
　最初に取り上げる時系列の表現はとてもたくさんあります。以下は、その一部です。

時系列の表現

| □on　（日・時を表して）〜に　　□in　〜月に、〜年に
| □before　〜の前に　　□after　〜の後に
| □while　その間に　　□during　（期間の）間中　　□when　いつ
| □between A and B　AとBとの間に
| □at the turn of the century　世紀の変わり目に
| □in the first half of the century　世紀の前半に
| □in the 1950's　1950年代に　etc.
| □now　現在　　□nowadays　現代　　□at the same time as　〜と同時に
| □prior to　〜より前に
| □first　1番目に　　□second　2番目に　　□third　3番目に　etc.
| □in the beginning　初めに　　□at first　初めは
| □at the start　最初に
| □next　次に　　□then　そのとき　　□soon　すぐに
| □precede　〜に先行する　　□follow　〜に続く
| □eventually　そのうち　　□finally　最終的に

　149ページの年表は、日本の現代史からの抜粋です。日本の戦後の歴史は、学校でも丁寧に時間をかけて教えられないことも多いので、あまりなじみがないかもしれませんが、今日の社会の諸問題に直結する事象も少なくありません。
　右の年表と「時系列の表現」を使って、できるだけたくさんの文章を作っていきましょう。

Chronological Table of Modern Japanese History (1941-1960)
日本現代史の年表からの抜粋

①	1941	December 8 12月8日	Japan's bombing of Pearl Harbor triggers the Pacific War 日本の真珠湾攻撃により太平洋戦争始まる
②	1945	August 6 8月6日	Atomic bomb dropped on Hiroshima 広島に原爆投下
③		August 9 8月9日	Atomic bomb dropped on Nagasaki 長崎に原爆投下
④		August 14 8月14日	Japan accepts the terms of the Potsdam Declaration 日本、ポツダム宣言受諾
⑤		August 15 8月15日	Japan surrenders unconditionally 日本、無条件降伏
⑥	1946	February 2月	Agrarian land reforms instituted 農地改革を制定
⑦		May 5月	Tokyo Military Tribunal convened 東京裁判（極東国際軍事裁判）始まる
⑧		November 3 11月3日	Constitution of Japan promulgated 日本国憲法公布
⑨	1947	May 3 5月3日	Constitution of Japan goes into force 日本国憲法施行
⑩	1950	June 6月	Korean War breaks out 朝鮮戦争勃発
⑪	1951	September 9月	San Francisco Peace Treaty signed with 48 nations サンフランシスコ講和条約締結
⑫		September 9月	Prime Minister Shigeru Yoshida signs U.S.-Japan Security Treaty 吉田茂首相、日米安全保障条約調印
⑬	1954	July 7月	Self-Defense Forces established 自衛隊発足
⑭	1960	January 1月	U.S.-Japan Security Treaty revised 日米新安保条約調印

onを使って文を作る

日付まで特定するときは on（〜に）を使います。年表の②〜④を使って日付まで分かっている情報をまとめてみましょう。

例）① Japan's bombing of Pearl Harbor on December 8, 1941, triggered the Pacific War.

②
③
④

inを使って文を作る

月や年だけを特定するときは in（〜月に、〜年に）を使います。年表の⑦、⑩、⑪の情報を使って、月と年を特定して文章にしてみましょう。

例）⑥ Agrarian land reforms were instituted in February, 1946.

⑦
⑩
⑪

beforeを使って文を作る

before（〜の前に）を使って、2つ以上の情報の関係を表してみましょう。（⑥と⑦、⑦と⑧、⑩と⑪、⑫と⑬、⑬と⑭）

例）②③ The Atomic bomb was dropped on Hiroshima before Nagasaki.
　　④⑤ Before surrendering unconditionally, Japan accepted the terms of the Potsdam Declaration.

⑥⑦
⑦⑧
⑩⑪
⑫⑬
⑬⑭

reproduction practice +A

afterを使って文を作る

after（〜の後に）を使って、2つ以上の情報の関係を表してみましょう。（⑤と⑥、⑦と⑧、⑩と⑪、⑩と⑬、⑬と⑭）

例）②③⑤ Japan surrendered unconditionally after the atomic bombs were dropped on Hiroshima and Nagasaki.

②③ After Hiroshima, the atomic bomb was dropped on Nagasaki.

⑤⑥

⑦⑧

⑩⑪

⑩⑬

⑬⑭

precedeを使って文を作る

precede（〜に先行する）を使って、2つ以上の情報の関係を表してみましょう。（②と③、④と⑤、⑦と⑧、⑩と⑪、⑪と⑫、⑬と⑭）

例）⑥⑦ Agrarian land reforms preceded the Tokyo Military Tribunal.

②③

④⑤

⑦⑧

⑩⑪

⑪⑫

⑬⑭

followを使って文を作る

follow（〜に続く）を使って、2つ以上の情報の関係を表してみましょう。（②と③、④と⑤、⑥と⑦、⑦と⑧、⑩と⑪、⑬と⑭）

例）⑪⑫ The U.S.-Japan Security Treaty followed the San Francisco Peace Treaty.

②③

④⑤

⑥⑦

3 | 「時系列の表現」の練習 151

⑦⑧
⑩⑪
⑬⑭

解答例

on

② The atomic bomb was dropped on Hiroshima on August 6, 1945.
③ The atomic bomb was dropped on Nagasaki on August 9, 1945.
④ Japan accepted the terms of the Potsdam Declaration on August 14, 1945.

in

⑦ The Tokyo Military Tribunal was convened in May, 1946.
⑩ The Korean War broke out in June, 1950.
⑪ Japan signed the San Francisco Peace Treaty with 48 nations in September, 1951.

before

⑥⑦ Agrarian land reforms were instituted before the Tokyo Military Tribunal was convened.
⑦⑧ The Tokyo Military Tribunal was convened before the promulgation of the Constitution of Japan.
⑩⑪ Before the San Francisco Peace Treaty was signed, the Korean War broke out.
⑫⑬ Prime Minister Shigeru Yoshida signed the Mutual Security Treaty before the Self-Defense Forces were established.
⑫⑬ Japan signed the Mutual Security Treaty with the U.S. before establishing the Self-Defense Forces.
⑫⑬ Before establishing the Self-Defense Forces, Japan signed the Mutual Security Treaty with the U.S.
⑬⑭ The Self-Defense Forces were established before the U.S.-Japan Security Treaty was revised.
⑬⑭ The Self-Defense Forces were established before the revision of the U.S.-Japan Security Treaty.

152　Reproduction Practice +A

after

⑤⑥ After Japan surrendered unconditionally, agrarian land reforms were instituted.
⑦⑧ The Constitution of Japan was promulgated after the Tokyo Military Tribunal was convened.
⑩⑪ The San Francisco Peace Treaty was signed after the Korean War broke out.
⑩⑬ The Self-Defense Forces were established after the Korean War broke out.
⑬⑭ The U.S.-Japan Security Treaty was revised after the Self-Defense Forces were established.

precede

②③ Hiroshima preceded Nagasaki as an A-bomb city.
④⑤ Japan's acceptance of the Potsdam Declaration preceded its unconditional surrender.
⑦⑧ The Tokyo Military Tribunal preceded the promulgation of the Constitution of Japan.
⑩⑪ The Korean War preceded the signing of the San Francisco Peace Treaty.
⑪⑫ The San Francisco Peace Treaty preceded the Mutual Security Treaty with the U.S.
⑬⑭ The establishment of the Self-Defense Forces preceded the revision of the U.S.-Japan Security Treaty.

follow

②③ Nagasaki followed Hiroshima as an A-bomb city.
④⑤ Japan's unconditional surrender followed its acceptance of the Potsdam Declaration.
⑥⑦ The Tokyo Military Tribunal followed the institution of agrarian land reforms.
⑦⑧ The Promulgation of the Constitution followed the convening of the Tokyo Military Tribunal.
⑩⑪ The San Francisco Peace Treaty followed the breakout of the Korean War.
⑬⑭ The revision of the U.S.-Japan Security Treaty followed the establishment of the Self-Defense Forces.

4 | 情報を大きくまとめる練習

　次に、同じ年表と時系列の表現を使って、複数の情報を大きくまとめる練習をしていきましょう。
　まずは自分でやってみましょう。どんな風にまとめられるでしょうか。

情報をまとめる | その1

①から⑤までの情報を自分なりにまとめてみましょう。

①	1941	December 8	Japan's bombing of Pearl Harbor triggers the Pacific War
②	1945	August 6	Atomic bomb dropped on Hiroshima
③		August 9	Atomic bomb dropped on Nagasaki
④		August 14	Japan accepts the terms of the Potsdam Declaration
⑤		August 15	Japan surrenders unconditionally

　次の解答例は、全部の情報を網羅していて、間違いはありませんが、andを多用しているせいで少し単調になっています。

解答例

> Japan bombed Pearl Harbor on December 8, 1941 and started the Pacific War. In 1945, the atomic bomb was dropped on Hiroshima on August 6 and on Nagasaki on August 9. Japan accepted the terms of the Potsdam Declaration and surrendered unconditionally in August, 1945.
> 日本は1941年12月8日に真珠湾を攻撃して太平洋戦争を始めた。1945年には8月6日に広島、8月9日に長崎に原爆が投下された。1945年8月に日本はポツダム宣言を受諾し、無条件降伏した。

　次の模範例くらいできれば、内容をほぼ完璧に理解し、他の人に正確に説明できるため、通訳を使わずに商談や取材ができます。

reproduction practice +A

模範例

Track 46

> The Pacific War, which was triggered by Japan's bombing of Pearl Harbor in December 1941, ended in August 1945 when Japan accepted the terms of the Potsdam Declaration and surrendered unconditionally. This was prompted by the A-bomb attacks on Hiroshima and Nagasaki on August 6 and 9 respectively.
>
> 1941年12月の日本の真珠湾攻撃が引き金となって始まった太平洋戦争は、日本がポツダム宣言を受諾して無条件降伏した1945年8月に終わった。戦争の終結は広島と長崎に対してそれぞれ8月6日と9日に行われた原爆攻撃によって促された。

✓ ポイント

太平洋戦争が1941年12月の日本の真珠湾攻撃で始まり、1945年8月に日本がポツダム宣言を受諾して無条件降伏したことで終わったこと、広島と長崎に落とされた原爆が終戦の引き金になったこと等、因果関係がはっきり述べられています。

Words and Phrases

be triggered by 　〜によって引き起こされる
be prompted by 　〜によって促される
A-bomb 　原子爆弾
respectively 　それぞれ

情報をまとめる | その2

⑥から⑨までの情報を自分なりにまとめてみましょう。

⑥ 1946　February　　　　Agrarian land reforms instituted
⑦ 　　　　May　　　　　　Tokyo Military Tribunal convened
⑧ 　　　　November 3　　Constitution of Japan promulgated
⑨ 1947　May 3　　　　　Constitution of Japan goes into force

次の解答例は、情報も順番も間違いありませんが、文章がぶつ切りなのが難点です。模範例とくらべてみましょう。

4 | 情報を大きくまとめる練習　　155

解答例

> Agrarian land reforms were instituted in 1946. The Tokyo Military Tribunal was also convened in 1946. The Constitution was promulgated on November 3, 1946. It went into force on May 3, 1947.
>
> 農地改革は1946年に実施された。東京裁判（極東国際軍事裁判）も1946年に開かれた。日本国憲法は1946年11月3日に公布された。それは1947年5月3日に施行された。

模範例

> One of the first changes instituted in post-war Japan was the agrarian land reforms of 1946. The Tokyo Military Tribunal was convened in the same year. The Constitution, promulgated on November 3, 1946, went into force the following year, on May 3, 1947.
>
> 戦後の日本で最初に実施された改革のひとつが1946年の農地改革だ。同じ年に東京裁判（極東国際軍事裁判）も開かれた。1946年11月3日に公布された日本国憲法は翌年1947年5月3日に施行された。

✓ ポイント

- 起こった順に述べるだけでなく、one of the first changesという言い方で最初に実施された改革が何かを特定しています。
- 1946年、1947年と羅列するだけでなく、in the same year（同じ年に）、the following year（翌年）という言い方で、それらの出来事の時系列の関係をはっきりさせているので、聞いている人にとって分かりやすい文章になっています。

📘 Words and Phrases

post-war　戦後の
go into force　発効する
following year　翌年

reproduction practice +A

　目で情報を確かめられる書き言葉にくらべて、耳からの情報だけが頼りの話し言葉では、聞き手への配慮がより求められます。通訳などをするときにも常に心がけたいことです。

情報をまとめる｜その3

⑩から⑭までの情報を自分なりにまとめてみましょう。

⑩ 1950　June　　　　　Korean War breaks out
⑪ 1951　September　　San Francisco Peace Treaty signed with 48 nations
⑫　　　　September　　Prime Minister Shigeru Yoshida signs U.S.-Japan Security Treaty
⑬ 1954　July　　　　　Self-Defense Forces established
⑭ 1960　January　　　U.S.-Japan Security Treaty revised

　次の解答例は、大きな問題はありませんが、⑭の情報が抜けているのと、朝鮮戦争と自衛隊の発足がばらばらの情報として提供されているのが、もったいないですね。模範例を見てみましょう。

解答例

The Korean War broke out in 1950. Japan signed the San Francisco Treaty with 48 nations in September, 1951. At the same time, Prime Minister Shigeru Yoshida signed the U.S.-Japan Security Treaty. The Self-Defense Forces were established in 1954.

1950年に朝鮮戦争が勃発した。日本は1951年9月に48カ国とサンフランシスコ平和条約に調印した。それと同時に吉田茂首相は日米安全保障条約に調印した。1954年に自衛隊が発足した。

模範例

Peace was formalized when Japan signed the San Francisco Peace Treaty with 48 nations in September, 1951. The U.S.-Japan Security Treaty signed by Prime Minister Shigeru Yoshida at the same time was eventually revised in 1960. The establishment of the Self-Defense Forces in 1954 was partly prompted by the Korean War, which broke out in 1950.

平和が正式にもたらされたのは、日本が48カ国とサンフランシスコ講和条約に調印した1951年9月だった。それと同時に吉田茂首相によって調印された日米安全保障条約はやがて1960年に改正された。1954年の自衛隊発足を促したもののひとつが1950年に勃発した朝鮮戦争である。

✓ ポイント

- 時系列だけでなく、それぞれの事柄の因果関係まで示唆している。
- 時系列的には、朝鮮戦争の勃発がこの中では一番先ですが、あえてそれを先に言わず、後で自衛隊の発足と関連づけて述べている。
- サンフランシスコ講和条約で正式に平和がもたらされたこと、それと同時に署名された日米安全保障条約が1960年に改正されたことも簡潔に述べられている。

📖 Words and Phrases

formalize　正式なものにする、一定の形を与える
eventually　最終的に、そのうち
revise　（法律などを）改正する
be prompted by　〜によって促される

このように、聞いている人が一度聞いただけですぐ分かるようにということを常に念頭に置いて話をまとめましょう。

5 | 比較の表現の練習

reproduction practice +A

　比較の表現を練習するメリットは何でしょうか。私たちは自分の知っているものと比較することで新しい情報を理解しようとします。報道番組などでよく使われる「東京ドーム〇個分」という言い方もその例です。

　統計上のいろいろなデータも数字だけだとピンときませんが、他の国とくらべる、前のデータとくらべる、というふうに「比較表現」を取り入れることで、数字の持つ意味を直感的に理解できるようになります。

　比較の表現は非常にたくさんあります。以下はその一部です。

類似点を強調する表現 (comparison)

□ almost the same as　〜とほとんど同じで
□ at the same rate as　〜と同じ割合で
□ like　〜のように　　□ alike/ likewise　同様に
□ as just as　〜と同じ程度に　　□ both　両方ともに
□ similar to　〜と似ている　　□ similarly　同様に
□ in the same way　同じように
□ resemble　〜と似ている　　□ parallel　〜と似ている
□ have a similar number of　似た数字である
□ have the same number of　同じ数である
□ share a similar pattern　似た傾向を持つ

相違点を強調する表現 (contrast)

□ less than　〜に満たない　　□ unlike　似ていない
□ more than　〜を超える　　□ in contrast to　〜と対照的に
□ a larger percentage than　〜より割合が大きい
□ a smaller percentage than　〜より割合が小さい
□ on the contrary　(今述べられたことに強く反対して)それどころか
□ on the other hand　他方では　　□ while　ところが一方
□ faster than　より速い　etc.　　□ however　また一方
□ differ from/ different from　〜とは異なる　　□ although　ではあるが
□ double　2倍の　　□ triple　3倍の

5 | 比較の表現の練習　159

比較表現は日常でもっともよく使われる表現のひとつです。いろいろな比較表現をマスターすることで英語の表現の幅を広げましょう。

右ページのグラフは、日本の高校生の留学先を示しています（文部科学省 2013年）。ちなみに、円グラフのことを英語では pie chart、棒グラフは bar graph といいます。表は table、図は figure です。

これまでに挙げた比較の表現と右ページの円グラフの情報を使って、できるだけたくさんの文章を考えてみましょう。

類似点を表してみる

2つの円グラフの情報を使って、類似点を表す文を作ってみましょう。

解答例①

A look at the number of Japanese high school students going overseas shows that the U.S.A. is the favorite destination both for those going for less than three months and for those going for more than three months.
海外留学する日本の高校生数を見ると、3カ月未満でも3カ月以上でもアメリカが行き先として一番人気があることが分かる。

解答例②

A look at the number of students studying overseas for more than three months shows that China and Mexico have a similar number of students.
3カ月以上海外留学する高校生数を見ると、中国とメキシコに留学する高校生数は似通っていることが分かる。

解答例③

The percentage of students studying in the U.S.A. for less than three months is similar to that of those studying in Australia.
アメリカに3カ月未満留学する高校生の割合は、オーストラリアに留学する高校生の割合に似通っている。

reproduction practice +A

高校生の海外留学先
文部科学省　2013年度

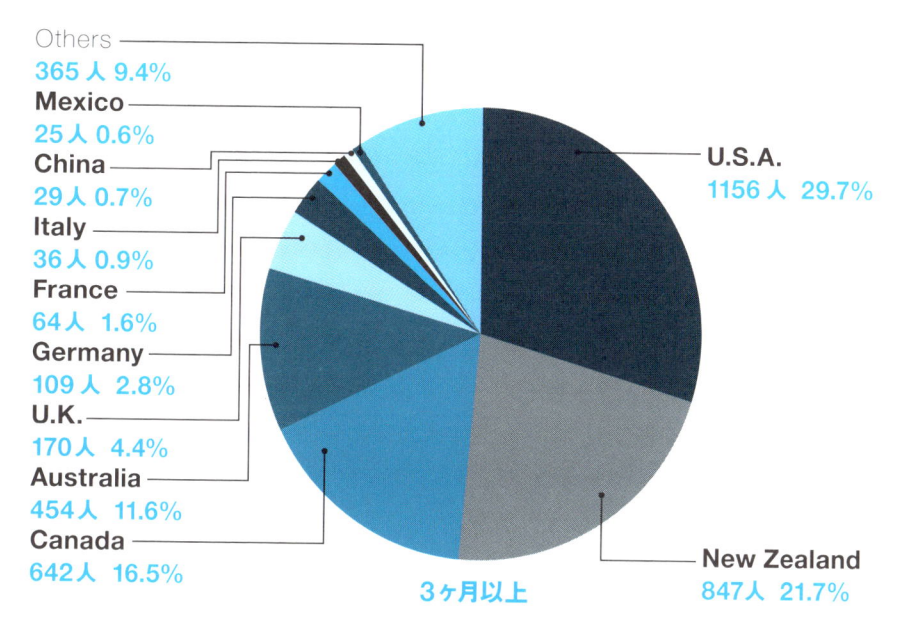

3ヶ月以上

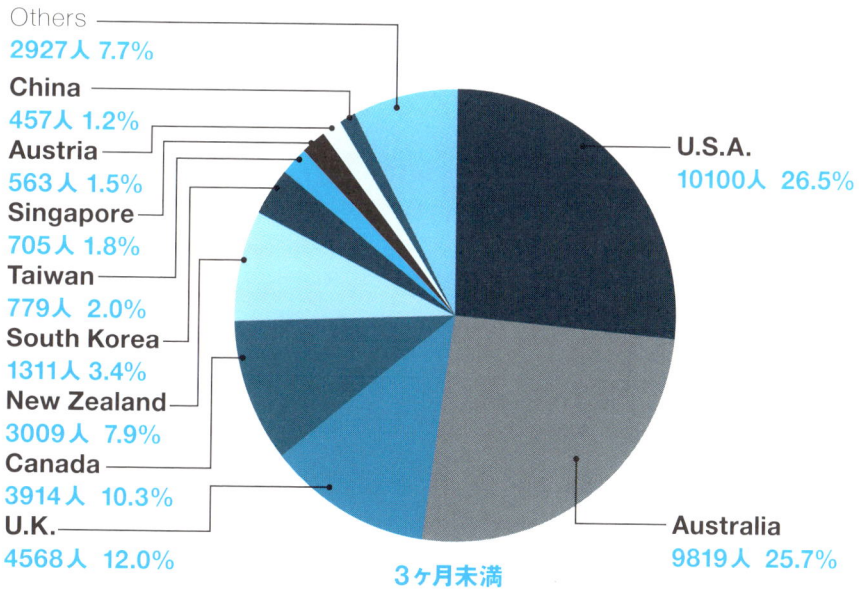

- Others 365人 9.4%
- Mexico 25人 0.6%
- China 29人 0.7%
- Italy 36人 0.9%
- France 64人 1.6%
- Germany 109人 2.8%
- U.K. 170人 4.4%
- Australia 454人 11.6%
- Canada 642人 16.5%
- U.S.A. 1156人 29.7%
- New Zealand 847人 21.7%

3ヶ月未満

- Others 2927人 7.7%
- China 457人 1.2%
- Austria 563人 1.5%
- Singapore 705人 1.8%
- Taiwan 779人 2.0%
- South Korea 1311人 3.4%
- New Zealand 3009人 7.9%
- Canada 3914人 10.3%
- U.K. 4568人 12.0%
- U.S.A. 10100人 26.5%
- Australia 9819人 25.7%

5｜比較の表現の練習　161

相違点を表してみる

2つの円グラフの情報を使って、相違点を表す文を作ってみましょう。

解答例①

The percentage of students going to Australia for less than three months is more than double that of those going there for more than three months.
オーストラリアに3カ月未満留学する高校生の割合は、3カ月以上留学する高校生の2倍以上である。

解答例②

The percentage of students going to New Zealand for more than three months is almost triple that of those going there for less than three months.
ニュージーランドに3カ月以上留学する高校生の割合は、3カ月未満留学する高校生の3倍近い。

解答例③

Australia and New Zealand have a very different pattern with regard to the number of Japanese high school students studying in their countries.
オーストラリアとニュージーランドは、それぞれの国に留学する日本の高校生数について全く異なる傾向を示している。

グラフの情報をまとめる

いろいろな比較の表現を使ってグラフの情報をまとめてみましょう。どんな風にまとめられるでしょうか。

解答例

> As many as 10,100 Japanese high school students went to the U.S.A. to study for less than three months in 2013. This is a little bit more than the number of students who went to Australia, 9,819. These two countries were followed by the U.K., where 4,568 went to study for less than three months. About 30 percent of the students went to the U.S.A. to study for more than three months. In 2013, 21.7 percent chose New Zealand. Only 4.4 percent chose the U.K. to study for more than three months.
>
> 2013年にアメリカに3カ月未満留学した日本の高校生は10,100人いた。次に多かったのはオーストラリアに行った9,819人である。これら2カ国に続いたのはイギリスの4,568人である。3カ月以上留学した高校生の30％はアメリカに行った。21.7％は2013年にニュージーランドを選んだ。3カ月以上の留学にイギリスを選んだ高校生はたった4.4％だった。

上の例は、たくさんの情報が盛り込まれ、間違いもありませんが、それぞれの情報が関連づけられていないため、数字の羅列になってしまっているのがおしい点です。次の模範例のように情報の関連づけができると、もうワンランク上の文章になります。

模範例

> The U.S.A. is the favorite destination for Japanese high school students going overseas to study both for less than three months and for more than three months. Australia is the second favorite for those going for less than three months, followed by the U.K. However, the picture is very different for long-term stays of more than three months. The U.S.A. is still the favorite by far, claiming close to 30 percent, but the second favorite is New Zealand with 21.7 percent. Canada emerges as the third favorite, with 16.5 percent, with Australia trailing at 11.6 percent. Although 12 percent of the students choose the U.K. as the destination for short-term study, only 4.4 percent choose the U.K. as the destination for long-term study.
>
> 海外留学する日本の高校生に人気の行き先は、3カ月未満でも3カ月以上でも、アメリカである。3カ月未満の留学では僅差でオーストラリアが2位で、イギリスが続

く。しかし3カ月以上の長期滞在では別の傾向が見られる。一番人気は圧倒的にアメリカで、高校生の30%近くの行き先に選ばれるが、2位は21.7%のニュージーランドである。カナダが16.5%で3位に浮上し、オーストラリアは11.6%で続く。高校生の12%が短期留学先としてイギリスを選んでいるにもかかわらず、長期留学先としてイギリスを選んでいるのはわずか4.4%である。

こちらは情報をストレートに伝えるのにとどまらず、それを自分なりに消化してから伝えているので、ポイントが分かりやすいと思います。上下の円グラフの相関関係に着目している点も優れていますね。

このように、自分なりの視点を持つことがスピーキングには大事になってきます。

Words and Phrases

destination　行き先、目的地
followed by　後に~が続いて
by far　断然、圧倒的に
claim　~を獲得する
emerge　現れる、浮上する
trail　(~の後を)ついて行く
observe　~を観察する
with regard to　~に関しては

6 │「原因と結果」の表現の練習

AのせいでBしてしまった

　原因と結果の表現は、さまざまな社会現象や環境問題などの因果関係を説明するのに使われるだけでなく、日常的にもよく使われます。

　「電車が遅れたせいで授業に遅刻してしまった」と言うのはよく聞く言い訳ですが、これも原因と結果の表現です。

　まず思い浮かぶのはbecauseだと思いますが、それ以外にもいろいろな言い方があります。一度には覚えきれないかもしれませんが、少しずつ自分の表現の幅を増やしていきましょう。

　リスニングやリーディングの際に新しい表現に気づいたら、書きとめておきましょう。そういう小さい努力の積み重ねが、言葉に対する感性を磨くことにつながります。

　以下は、「原因と結果」を表す主な表現です。

原因と結果の表現

□ because　なぜならば、〜だから　　□ because of　〜のために、〜のせいで
□ therefore　その結果、それゆえに
□ (be) the cause of　〜の原因である　　□ cause　〜を引き起こす
□ for this reason　こういうわけで　　□ the reason for　〜の理由
□ the reason is that　実は〜だからです
□ due to　〜が原因で　　□ A is due to B　Aの原因はBにある
□ as a result　結果として　　□ A is the result of B　Bの結果、Aとなる
□ result in　結果的に〜をもたらす
□ since　〜なので、〜だから　　□ A is the effect of B　AはBの効果だ
□ have an effect on　〜に影響を与える
□ as a consequence　結果として
□ the consequence of A is B　Aの結果、Bとなる
□ consequently　それゆえに　　□ lead to　〜を引き起こす

環境問題の因果関係を説明してみる

　以下は「アラル海の悲劇」というタイトルの絵です。アラル海はカザフスタンとウズベキスタンにまたがる塩湖で、1960年代までは日本の東北地方とほぼ同じ大きさの湖でしたが、半世紀で約10分の1に縮小してしまいました。

アラル海の悲劇 (The Aral Sea Disaster)

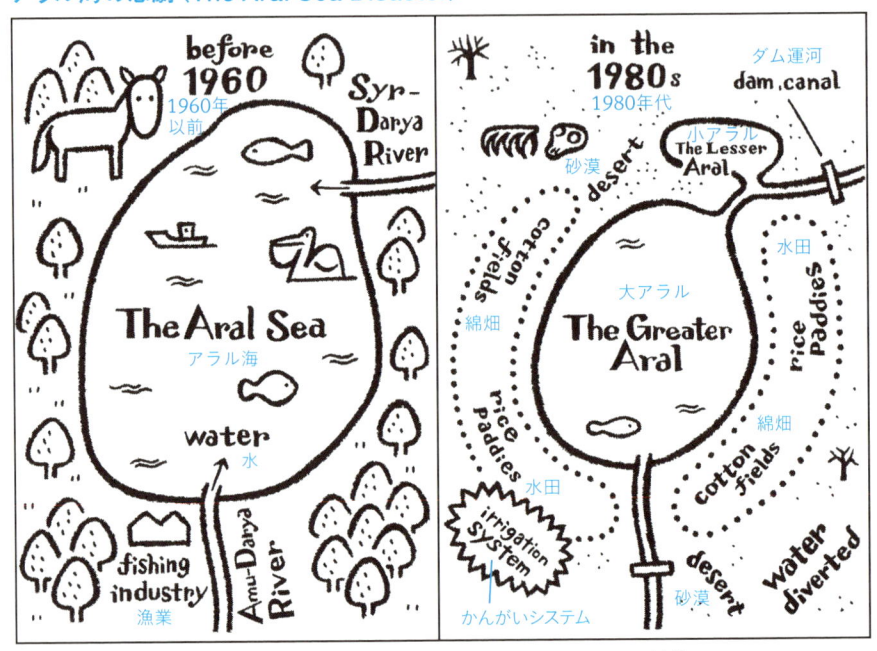

```
before 1960                    in the 1980s
1960年以前                      1980年代
Syr-Darya River                ダム運河 dam, canal
The Aral Sea                   砂漠 desert
アラル海                         小アラル The Lesser Aral
water 水                        綿畑 cotton fields
Amu-Darya River                大アラル The Greater Aral
fishing industry 漁業            水田 rice paddies
                               かんがいシステム irrigation system
                               砂漠 desert
                               water diverted
```

解説：シルダリヤ川とアムダリヤ川流域に展開された旧ソビエト政府による灌漑農業の拡大に伴って、両河川からアラル海に流入する水量が激減。世界4位の面積を誇っていたアラル海の面積は急激に縮小し、1987年に小アラルと大アラルという2つの湖に分かれた。水位の低下と塩分濃度の上昇は動植物や魚の死をもたらした。その結果、アラル海の漁業は壊滅し、広大な塩砂漠が出現した。

　「原因と結果」の表現とアラル海の情報を使って、どんな文章が作れるかを考えてみましょう。

reproduction practice +A

due toを使う

due to（〜が原因で）を使って文を考えてみましょう。

① The Aral Sea has shrunk to a tenth of its former size due to...
（……が原因で、アラル海はもとの大きさの10分の1に縮小した）

because ofを使う

because of（〜のために、〜のせいで）を使って文を考えてみましょう。

② Because of the Soviet government policy, ...
（ソビエト政府の政策のため、……）

becauseを使う

because（なぜならば、〜だから）を使って文を考えてみましょう。

③ The water from the Amu-Darya River and the Syr-Darya River was diverted because...
（アムダリヤ川とシルダリヤ川の水の流れは変えられた。なぜなら……）

causeを使う

cause（〜を引き起こす）を使って文を考えてみましょう。

④ The irrigation system caused...
（灌漑システムは……を引き起こした）

as a resultを使う

as a result（結果として）を使って文を考えてみましょう。

⑤ As a result, most fish...
（その結果、ほとんどの魚が……）

sinceを使う

since（〜なので、〜だから）を使って文を考えてみましょう。

⑥ Since the salt from the dried-up lake was deposited over a wide area, ...
（干上がった湖の塩が広範囲に堆積されたため、……）

result inを使う

result in（結果的に〜をもたらす）を使って文を考えてみましょう。

⑦ The hostile environment has resulted in...
（その厳しい環境は……をもたらした）

as a consequenceを使う

as a consequence（結果として）を使って文を考えてみましょう。

⑧ As a consequence, the region's once-prosperous fishing industry...
（結果として、その地域でかつて盛んだった漁業は……）

lead toを使う

lead to（〜を引き起こす）を使って文を考えてみましょう。

⑨ The extensive irrigation program has led to...
（広範囲に及ぶ灌漑事業は……をもたらした）

解答例

① The Aral Sea has shrunk to a tenth of its former size due to the extensive irrigation program of the Soviet government.
ソビエト政府による灌漑農業の拡大が原因で、アラル海はもとの大きさの10分の1に縮小した。

② Because of the Soviet government policy, in 1987 the Aral split into two lakes, the Lesser Aral to the north and the Greater Aral to the south.
ソビエト政府の政策のため、アラル海は1987年に2つの湖、すなわち北の小アラル湖と南の大アラル湖とに分かれた。

③ The water from the Amu-Darya River and the Syr-Darya River was diverted because it was needed for irrigating cotton farms and rice paddies.
アムダリヤ川とシルダリヤ川の水の流れは変えられた。なぜなら綿花農園と水田の灌漑用に必要だったからだ。

④ The irrigation system caused the water level to drop and salt content to increase.
灌漑システムは水位の低下と塩分含有量の上昇を引き起こした。

⑤ As a result, most fish disappeared from the lake.
その結果、ほとんどの魚が湖から消えてしまった。

⑥ Since the salt from the dried-up lake was deposited over a wide area, the once-fertile land has turned into an arid desert.
干上がった湖の塩が広範囲に堆積されたため、かつて肥沃だった土地は乾燥した砂漠に変わってしまった。

⑦ The hostile environment has resulted in the death of plants and animals and fish.
その厳しい環境は、結果的に動植物や魚の死をもたらした。

⑧ As a consequence, the region's once-prosperous fishing industry has been virtually destroyed.
結果として、その地域でかつて盛んだった漁業は事実上滅びた。

⑨ The extensive irrigation program has led to the death of the Aral Sea.
広範囲に及ぶ灌漑事業はアラル海の死をもたらした。

アラル海のその後

　その後、2000年に大アラル湖はさらに3つの湖に分かれ、NASAが2014年に撮影した衛星写真によると、そのうちのひとつは完全に消滅したことが判明しました。

　一方、以前小アラル湖と呼ばれていた北アラル湖には、2005年に建設した堤防のおかげでシルダリヤ川の水が流れ込み、面積は増大、塩分濃度は減少し、その結果、北アラル湖には魚がある程度戻ってきて漁業も可能になっています。

「原因と結果」の表現を使って、どのような文章を作れるでしょうか。

⑩ The continuing irrigation projects caused the Greater Aral to further split into three lakes by 2000.
灌漑事業が引き続き行われたせいで、大アラル湖は2000年までにさらに3つの湖に分かれた。

⑪ According to satellite images taken by NASA in August 2014, shrinking of the South Aral has resulted in the emergence of the Aralkum Desert.
NASAが2014年に撮影した衛星写真によると、南アラル湖は縮小し続け、その結果そのあとにはアラルカム砂漠が出現している。

⑫ Consequently, the shrinking of the Aral Sea has been called one of the planet's worst environmental disasters.
それゆえに、アラル海の縮小は地球最大の環境破壊のひとつといわれている。

⑬ Thanks to a dam project completed in 2005, the water level in the North Aral Sea, formerly known as the Lesser Aral, rose and salinity dropped.
2005年に完成したダム事業のおかげで、以前小アラル湖と呼ばれていた北アラル湖の水位は上がり、塩分濃度も下がった．

⑭ As a result, fish are again found in the North Aral Sea to some extent, making fishing viable.
その結果、北アラル湖には魚がある程度戻り、漁業も可能になった。

「単語ノート」を作るススメ

　ここまで「時系列」「比較」「原因と結果」の表現を練習してきました。同じことを言うのにも、いかに多くの言い回しがあるか、実感していただけたのではないでしょうか。

　本書でご紹介したものはほんの一部にすぎません。よい辞書や類語辞典を調べれば、もっとたくさんの言い回しが見つかるはずです。時間があるときに、自分でどんどん勉強していきましょう。

　辞書や類語辞典を使うときに大事なのが、必ず例文に注意すること。自分専用の「単語ノート」を作って、その言葉の意味だけでなく、例文も書いておくことをおすすめします。例文ごと覚えてしまえればベストです。

　最初は大変かもしれませんが、やっていくうちにだんだん面白くなり、新しい表現に気がつくようになります。ノートが手元にないときは、とりあえず何かしるしをつけておくといいでしょう。下線を引くのでも、丸で囲むのでも、蛍光ペンでしるしをつけるのでも構いません。そして、その日のうちにノートに書き写すことを習慣にしてしまえば、それほど苦にならないはずです。

　記憶だけに頼るのはおすすめできません。言葉を思い出せないときにはひとつの言い回しを捜すのに、また記事を全部読み返すことになりかねないからです。それもあながち無駄ではありませんが、やらなくてはならないことはたくさんあるので、できれば避けたいところです。

　次の章では、「物の位置関係の表現」、「自己紹介の表現」、「敬意を表す表現」、「要求を伝える表現」など、テーマ別に表現のバリエーションを増やす練習をしていきます。

Reproduction Practice +B

表現のバリエーションを増やす練習

a ｜「物の位置関係」の表現

　ここでひと息ついて、「物の位置関係」を表す表現を見ていきましょう。前置詞を使ってイラストに描かれている物がどこにあるか、いろいろな言い方を考えてみましょう。

1. under（〜の下に）

　A dog is under the table.

▶ ほかに言い方はあるでしょうか。
　A dog is standing under the table.

▶ There isで始めてみましょう。
　There is a dog under the table.
　There is a dog standing under the table.

▶ IやYouで始める方法もあります。
　I see a dog under the table.
　I see a dog standing under the table.
　You can see a dog under the table.
　You can see a dog standing under the table.

▶ standingをhiding（隠れること）に変えてみましょう。
　A dog is hiding under the table.
　There is a dog hiding under the table.
　I see a dog hiding under the table.
　You can see a dog hiding under the table.

▶ 前置詞句で始める方法もあります。
　Under the table, there is a dog.

　この調子で、イラストに描かれているものがどこにあるか、英語で言ってみる練習をしましょう。

2. on (〜の上に)

次に、なじみのある on を使ってどんなことが言えるでしょうか。

A cat is on the refrigerator.
A cat is sleeping on the refrigerator.
There is a cat on the refrigerator.
There is a cat sleeping on the refrigerator.
I see a cat sleeping on the refrigerator.
You can see a cat sleeping on the refrigerator.
On the refrigerator, there is a cat.

refrigeratorは冷蔵庫、window sill（窓台）は日本ではあまりなじみのない表現ですが、英語ではよく使われます。

A potted plant is on the window sill.
There is a potted plant on the window sill.
I see a potted plant on the window sill.
You can see a potted plant on the window sill.
On the window sill, there is a potted plant.

An outlet is on the wall.
There is an outlet on the wall.
I see an outlet on the wall.
You can see an outlet on the wall.
On the wall, there is an outlet.

outletといえば直販店が思い浮かぶかもしれませんが、ここではコンセントのことです。「コンセント」というのは和製英語で、英語では通じません。

3. in（〜の中に）

onの次になじみのあるのはinでしょう。

A cake pan is in the sink.
There is a cake pan in the sink.
I see a cake pan in the sink.
You can see a cake pan in the sink.
In the sink, there is a cake pan.

Cat food is in the cupboard.
There is cat food in the cupboard.
I see cat food in the cupboard.
You can see cat food in the cupboard.
In the cupboard, there is cat food.

cake panはケーキの焼き型のこと。cat foodは、a bag of cat foodとしてもいいでしょう。dog foodでも同じように言えます。

cupboard（戸棚）をカタカナでカップボードと間違えて表記してあるのをよく見かけますが、「p」は発音しませんので注意しましょう。

A rice cooker is in the corner.
There is a rice cooker in the corner.
I see a rice cooker in the corner.
You can see a rice cooker in the corner.
In the corner, there is a rice cooker.

▶ onを使った文と合わせてみましょう。
A rice cooker is in the corner on the counter.

▶ これでも間違いではありませんが、次のように言う方が自然です。
A rice cooker is in the corner of the counter.

▶ さらに、いろいろな言い方で言ってみましょう。
There is a rice cooker in the corner of the counter.
I see a rice cooker in the corner of the counter.
You can see a rice cooker in the corner of the counter.
In the corner of the counter, there is a rice cooker.

a ｜「物の位置関係」の表現

4. above (〜の上に)

underの対の前置詞としてはaboveがあります。stoveはここでは、調理用のコンロのことです。

A clock is above the stove.
There is a clock above the stove.
I see a clock above the stove.
You can see a clock above the stove.
Above the stove, there is a clock.

▶ onを使った例文と合わせて、次のように言うこともできます。
A clock is on the wall above the stove.
There is a clock on the wall above the stove.
I see a clock on the wall above the stove.
You can see a clock on the wall above the stove.
On the wall above the stove, there is a clock.

5. behind (〜の後ろに)

An outlet is behind the rice cooker.
There is an outlet behind the rice cooker.
I see an outlet behind the rice cooker.
You can see an outlet behind the rice cooker.
Behind the rice cooker, there is an outlet.

▶ onの文と合わせて、次のように言うこともできます。
An outlet is on the wall behind the rice cooker.
There is an outlet on the wall behind the rice cooker.
I see an outlet on the wall behind the rice cooker.
You can see an outlet on the wall behind the rice cooker.
On the wall behind the rice cooker, there is an outlet.

6. in front of (〜の前に)

behindの対の前置詞としてはin front ofがあります。cat food bowlはネコの餌皿のことです。

A cat food bowl is in front of the oven.
There is a cat food bowl in front of the oven.
I see a cat food bowl in front of the oven.
You can see a cat food bowl in front of the oven.
In front of the oven, there is a cat food bowl.

▶ onの文と合わせて、次のように言うこともできます。
A cat food bowl is on the floor in front of the oven.
There is a cat food bowl on the floor in front of the oven.
I see a cat food bowl on the floor in front of the oven.
You can see a cat food bowl on the floor in front of the oven.
On the floor in front of the oven, there is a cat food bowl.

7. next to (〜のとなりに)

A knife is next to the cake.
There is a knife next to the cake.
I see a knife next to the cake.
You can see a knife next to the cake.
Next to the cake, there is a knife.

▶ onの文と合わせて、次のように言うこともできます。

A knife is next to the cake on the table.
There is a knife next to the cake on the table.
I see a knife next to the cake on the table.
You can see a knife next to the cake on the table.
Next to the cake on the table, there is a knife.

▶ 順番を変えて言うこともできます。

A knife is on the table next to the cake.
There is a knife on the table next to the cake.
I see a knife on the table next to the cake.
You can see a knife on the table next to the cake.
Next to the cake, there is a knife on the table.

8. between (〜の間に)

next toではなくbetweenを使ってみましょう。

A cake is between the plates.
There is a cake between the plates.
I see a cake between the plates.
You can see a cake between the plates.
Between the plates, there is a cake.

　まわりを見回して、こういうふうに練習していきましょう。自分の部屋、学校や教室、オフィスなどの仕事場、ランチに行ったレストラン、ひと休みしたカフェ、仕事帰りに寄ったバーなど、いくらでも材料はあります。
　「これ英語でなんて言うのかな…?」と思ったら、それが新しい言葉を覚えるチャンス! すぐ辞書で調べてみましょう。
　「これだけは覚えよう」などと他人が作った単語リストの言葉はなかなか定着しませんが、自分が知りたいと思って調べた言葉は忘れないものです。

b | 自己紹介の表現

仕事や職業について話す

初対面の外国人と話すときには、仕事や職業について話す機会もあると思います。初めて会った相手の職業や仕事について聞くには、どう言ったらいいでしょうか。

① What is your work? あなたの仕事は何ですか？
② What do you do? 何をされているのですか？
③ What kind of work do you do? どのようなお仕事をされているのですか？
④ What is your line of work? お仕事はどのような分野ですか？

①の単刀直入な聞き方は間違いではありませんが、時と場合によってはストレートすぎて失礼になることがありますので、注意しましょう。
②も相手の仕事をたずねる表現ですが、①同様ストレートなので、注意が必要です。
③と④の聞き方はOKです。

さて、このように質問された場合、どのように答えればいいでしょうか。
自分の仕事というと、まず会社の名前を言う人がいますが、会社名ではなく、自分がそこで何をしているのかを言うようにしましょう。

仕事について話す | その1 Track 61

自分の職業、仕事について伝える練習をしましょう。色文字で示した部分を入れ替えて、自分の仕事をいろいろな表現で言ってみましょう。

① I work in a bank.
　銀行で働いています。
② I work as a bank clerk.
　銀行員として働いています。
③ I do clerical work in a bank.
　銀行で事務の仕事をしています。

④ I do general office work in a bank.
銀行で一般事務をしています。

⑤ I work in the accounting section of a bank.
銀行の会計課で働いています。

📖 Words and Phrases

bank clerk　銀行員
clerical work　事務の仕事
general office work　一般事務
accounting section　会計課

仕事について話す｜その2

色文字で示した部分を入れ替えて、自分の仕事をもう少し詳しく伝えてみましょう。

⑥ I write copy in the public relations department of a bank.
銀行の広報部で宣伝用のコピーを書いています。

⑦ I am responsible for employee benefits and welfare in the general affairs department of a bank.
銀行の総務部で、福利厚生を担当しています。

⑧ I am in charge of cyber security in the IT department of a bank.
銀行の情報技術部でサイバーセキュリティーの責任者をしています。

📖 Words and Phrases

public relations　広報
department　部門、事業部
(be) responsible for　〜を担当している
general affairs　総務
in charge of　〜を担当して

趣味について話す

初対面の人と話すときには、自分を知ってもらうために趣味について話すこともあるでしょう。

reproduction practice +B

　趣味＝hobbyと思っている人が多いかもしれませんが、日本語の「趣味」は非常に幅の広い言葉で、英語のhobbyはもっと限定的なものです。

　hobbyは模型飛行機を作るとか、切手を集めるとか、何かを作る、何かを集めるという能動的な行為に使われ、音楽を聴くとか、読書をするなど受動的なものには通常使いません。また、スポーツもhobbyとは言いません。ですからWhat is your hobby?というよく使われる質問自体、あまり英語的ではないのです。

　人の趣味を聞くには、次のような言い方があります。

①What are your interests?　あなたの興味があることは何ですか？
②What are you interested in?　何に興味がおありですか？
③What do you like to do on weekends [in your free time]?
　週末［余暇］は何をして過ごすのが好きですか？
④In your free time, what do you like to do?
　余暇は何をして過ごすのがお好きですか？
⑤How do you spend your weekends?　週末は何をして過ごされますか？
⑥Do you have a hobby?
　ホビーはおありですか？

　では、このように質問された場合、どのように答えればいいでしょうか。次の練習問題をやってみましょう。

趣味について話す　（解答例185ページ）

上記の①から⑥の質問に答えてみましょう。

①My interests are...
　（私の趣味は…）

②I am...
　（私は…）

③I like...
　（私は好きです…）

④In my free time...
　（私は余暇には…）

⑤ I spend...

　（私は過ごします…）

⑥ My hobby is...

　（私の趣味は…）

　I have a hobby. It's...

　（私には趣味があります。それは…）

　余談ですが、ここで皆さんがよく知っているplay（遊ぶ）という単語についてひと言。日本語の「遊ぶ」は、「何をして」遊んだかを特定せずに使うことが可能で、playよりずっと広い意味で使われます。

　しかし、playは基本的にはplay tennis（テニスをする）やplay chess（チェスをする）のように、何をするのかを特定できる場合に使います。ただ「遊ぶ」と言いたいときには、次のように言います。

- この週末は何をして遊ぶの？
  What are you going to do this weekend?
- 土曜日は一日友達と遊ぶつもり。
  I am going to spend all day Saturday with my friends.
- 何をするかはまだ決めてないけれど。
  We haven't decided what to do yet.
- 日曜日は友だちと遊んで楽しかった。
  I had fun with my friends on Sunday.
  My friends and I enjoyed ourselves on Sunday.

　以上、ここまでひとつの文をいろいろな言い方で言い換える練習をしてきました。

　これまでの英語の勉強では、「正解は？」と、あるひとつの答えを求めることが多かったと思いますが、これからは「ほかに言い方はないかな…？」と考える癖をつけるようにしましょう。それだけで、英語の引き出しが増えていくだけでなく、頭の柔軟性も養われていきます。

解答例

① My interests are listening to music and playing tennis.
私の趣味は音楽を聴くこととテニスをすることです。

② I am interested in music and tennis.
私は音楽とテニスに興味があります。

③ I like listening to music and playing tennis on weekends [in my free time].
週末[時間があるとき]には音楽を聴いたりテニスをしたりするのが好きです。

④ In my free time, I like listening to music and playing tennis.
余暇には、音楽を聴いたりテニスをしたりするのが好きです。

⑤ I spend my weekends listening to music and playing tennis.
私は音楽を聴いたりテニスをしたりして週末を過ごします。

⑥ My hobby is making model planes.
私の趣味は飛行機のプラモデルを作ることです。

I have a hobby. It's making model planes.
私には趣味があります。それは飛行機のプラモデルを作ることです。

C 敬意を表す表現

感謝の気持ちを伝える

英語には敬語がないとよく言われます。確かに、日本語の敬語と同じものはありませんが、英語にも敬意を表す表現はあります。

Thank youを例にとって考えてみましょう。お世話になった相手に感謝の気持ちを伝えたいときには、どういう言い方があるでしょうか。

① **Thank you** for your help.
   Thank you for helping me.
   助けてくれてありがとう。

▶ Thank youで始めるより、敬意を強く表す言い方です。

② **I want to** thank you for your help [for helping me].
   I would like to thank you for your help [for helping me].
   助けてくださりありがとうございます。
③ **I appreciate** your help.
   I appreciate your helping me.
   お力添えに感謝します。
④ **I am very grateful** for your help.
   I am very grateful to you for helping me.
   お世話になりとても感謝しています。

▶ 改まったスピーチや書き言葉では、もっと深い敬意を表すことができます。

⑤ **Let me say** how much I appreciate your help.
   Allow me to express my appreciation for your help.
   あなたのお力添えに感謝の気持ちを述べさせてください。
⑥ **I would like to express** my deep appreciation for all your help.
   It is with a profound **sense of gratitude** that I acknowledge your help.
   あなたのお力添えに深くお礼申し上げます。

deep appreciation, a profound sense of gratitude はともに「深い感謝の気持ち」を示す表現です。

相手に敬意を伝える

講演やスピーチを聞いた感想を伝えるには、どういう表現があるでしょうか。

① **I enjoyed** your talk.
お話は面白かったです。
② **I want to** tell you how much I enjoyed your talk.
I would like to tell you how much I enjoyed your talk.
お話はとても面白く聞かせていただきました。
③ **Let me say** how much I enjoyed your talk.
Allow me to say how much I enjoyed your talk.
あなたのお話がどれだけ楽しいものだったか言わせてください。

▶ 本を読んだ感想を伝えるときも、同じように言い換えることができます。

① **I was impressed by** your book.
ご著書には感動しました。
② **I want to** tell you how impressed I was by your book.
I would like to tell you how impressed I was by your book.
ご著書にとても感動しました。
③ **Let me say** how impressed I was by your book.
Allow me to say how impressed I was by your book.
ご著書にどれだけ感動したか言わせてください。

▶ 論文の感想を伝える場合も同じです。

① Your paper **was interesting**.
I found your paper interesting.
あなたの論文は興味深かったです。
② **I want to** tell you that I found your paper very interesting.
I would like to tell you that I found your paper very interesting.
あなたの論文はとても興味深いものでした。

③ **Let me say** that I found your paper most interesting.
　Allow me to say that I found your paper most interesting.
　あなたの論文がどれほど興味深かったか言わせてください。
④ I read your paper **with great interest**.
　It was with great interest that I read your paper.
　あなたの論文をとても興味深く読ませていただきました。

上記の例を参考にして、次の練習問題をやってみましょう。

感謝と敬意を伝える

以下のことをさまざまな表現で言ってみましょう。

1. Thank you for your gift.（贈り物をありがとう）
2. Thank you for your advice.（助言をありがとう）
3. I enjoyed the evening.（楽しい夜でした）
4. I was impressed by your work.（あなたの作品に感動しました）
5. Your paper was inspiring.（あなたの論文に刺激されました）

　英語にも敬意を示す表現があることがお分かりいただけたと思います。一般的に、表現が長くなればなるほど丁寧になると覚えておきましょう。
　ただ、ビジネスの場面や、目上の人との会話では必要なこともあるかもしれませんが、日常の会話ではあまり気にする必要はありません。日常会話はKISS（keep it short and simple）がベストです。

d | 要求を表す表現

誰かに頼みごとをする

一番ストレートに要求を伝える表現は、中学校で習った「命令形」です。

Open the window.　窓を開けて。

▶ Pleaseを前か後につけると、命令が依頼になります。

①**Please** open the window.　窓を開けてください。
　Open the window, please.

▶ 疑問形を使って依頼することもできます。

②**Can you** open the window?　窓を開けてもらえますか？
　Can I ask you to open the window?　窓を開けるのをお願いしてもいいですか？

▶ より丁寧にお願いするには、次のように言ってみてもいいでしょう。

③**Could you** open the window, please?
　窓を開けていただけますか？
④**Do you mind** opening the window?
　もしよろしければ窓を開けていただけますか？
⑤**I wonder if** I can ask you to open the window.
　窓を開けることをお願いしてもよろしいでしょうか。

▶ 一般的に、長くすればするほど丁寧な言い方になります。

⑥**I would appreciate it if** you could open the window for me.
　窓を開けてくださるとありがたいのですが。

▶ 今度はまったく違う文型で言ってみましょう。

⑦**I want** the window opened.　窓を開けてもらいたいです。
　I would like to have the window opened.　窓を開けていただきたいのです。

I need to have the window opened.　窓を開けていただく必要があります。

上記の例を参考にして、次の練習問題をやってみましょう。

何かを頼む

①〜⑥の言葉で始まる文で、以下のことを頼んでみましょう。

1. Clean the room.（部屋を掃除して）
2. Bring the bill.（勘定書を持ってきて）
3. Call a taxi.（タクシーを呼んで）
4. Mail this letter.（手紙を投函して）
5. Get a ticket to the ball game.（野球の試合のチケットをとって）
6. Give me a fresh set of towels.（新しいタオルをください）
7. Deliver this package to Room 610.（この荷物を610号室に届けて）
8. Change this one-dollar bill into quarters.
   （この1ドル紙幣を25セント硬貨に両替して）
9. Show me the way to the nearest supermarket.（一番近いスーパーへの行き方を教えて）
10. Keep my suitcase here.（私のスーツケースをここに置いておいて）

① Please...
　（…してください）

② Can you...?
　（…してもらえますか？）

　Can I ask you to...
　（…をお願いしてもいいですか？）

③ Could you...
　（…していただけますか？）

④ Do you mind...
　（もしよろしければ……していただけますか？）

⑤ I wonder if...
　（…してもよろしいでしょうか）

⑥ I would appreciate it if ...
　（…とありがたいのですが）

Column　A-LiSM 誕生秘話

新崎隆子

英語学習法としての通訳訓練の欠陥

　通訳訓練は「やりがいのある学習法」の条件を満たしていることは本文でも述べましたが、英語学習法として利用するときに致命的な欠陥がありました。それは「通訳をしなければいけない」という点です。通訳学校はプロの通訳者を養成するところですので、訓練では、英語の聞き取りをした後に、必ず日本語に訳すよう要求されます。通訳ができるようになるための訓練ですから、当たり前のことです。

　英語力を磨く目的で通う生徒にとって、正確な聞き取りを厳しく指導される点は大変役に立つのですが、せっかく取り込んだ英語が日本語に邪魔をされて記憶に残りにくいという欠点があります。また、通訳では原文の一言一句をほぼそのまま残さなければなりませんが、自分の聞き取り理解のためには、そこまで精密に記憶する必要はありません。発言の論旨がきちんとゆがむことなく理解できればそれでよいのです。

　そもそも、通訳に必要なリスニングと、普通のリスニングでは求められる反応が異なるのです。

　オリジナルの言語が分からない聞き手にとって、通訳者は「オリジナルの話し手」の役割を果たします。つまり、聞き手は「通訳」を聞きながら、192ページの表で左側に示した反応をするのです。一方、通訳者はただ情報を取り込むだけでなく、常に「訳語」を考えていることが分かります。通訳の目的は「情報の伝達」なので、自分が楽しんだり批判したりする部分は欠落していますが、できるだけオリジナルに近いものを提供するために、単語や文章構造を強く意識しています。

　一般の英語学習者が身につけたいのは、言うまでもなく左側の能力です。英語を聞きながら、日本語を聞くときと同じような反応ができるのが目標のはずです。それは、常に訳語を考える通訳のプロセスとは相容れません。

　それまで長い間、「通訳訓練の魅力を生かしながら、その欠点をなくした英語学習法はできないか」と考え続けてきましたが、なかなか名案を思いつきませんでした。「通訳しない通訳訓練」は「左手だけで打つ手のひらの音」のごとき禅問答にも等しかったのです。

　しかし、突破口は思わぬところから開けました。コロンブスの卵とはよく言ったもので、発見してみれば「なぜ、こんな簡単なことに気がつかなかったのか」と拍子抜けするぐらいでした。それが、通訳者を目指す上級者向けの **DLS**（Dynamic Listening

■「通訳に必要なリスニング」と「普通のリスニング」との違い

一般のリスニング	通訳のためのリスニング
話し手の意図の解釈・分析	やっている（＋）、訳語を考える
自分の知識・経験との照合 （思い出す作業）	とてもよくやっている（＋＋）、訳語を考える
次を予測する	とてもよくやっている（＋＋） （予測は話を聞く前から行っている）
判断をする 　内容、論理、話し手の考え方 　話し手の外見、しゃべり方、声、印象	やっている（＋）、訳語を考える ほとんど判断していない（－）
自分の意見の構築	やっていない（－）
感情を動かされる	少しはある
言葉は聞いていない	言葉を記憶にとどめる
文章の構造は気にとめない	文章の構造も記憶にとどめる
理解できない部分はとばす （論理、情報、言葉）	理解できない部分もとばせない
自分が理解できればよい	自分が理解できるだけでなく、聞き手にも理解させなければならない

and Speaking Method）だったのです。

リスニングと"能動的"理解

　私の勤めているNHKグローバルメディアサービス・バイリンガルセンターの国際研修室は、放送や会議の通訳者を育てるための講座を開いています。入学資格は、TOEIC 930〜990点に相当する英語力とされていますので、非常にレベルの高い人たちが入ってきます。帰国子女や海外留学組も少なくありません。しかし、通訳の訓練になると、ごく簡単な英語であっても、音声が数十秒間流れた後に「今なんと言っていましたか」と聞かれて、最初からすらすら答えられる人は多くありません。これは、母国語であれ外国語であれ、他人の発言をそのまま再生することに慣れていないためで、しばらく訓練を受ければ、たいていの人はだんだんとできるようになります。

　けれども、時々、著しく苦戦する人がいました。立派な英語の成績をあげているのに、なぜでしょうか。努力の結晶のようなたくさんの知識や優れた潜在能力が、閉じ込

められて、はちきれそうになっているのです。どこかをちょっと突っつけば、たちどころに大きな花を咲かせられるのではないかという気がしてなりませんでしたが、その方法を見出すことはできませんでした。

　この学校では当時、成績が「通訳コース」のレベルに満たない人たちのために、「国際英語コース」を設けていました。共著者の高橋百合子さんは、長年、そこの主任講師を務めてきました。授業は時事問題を扱い、すべて英語で行われます。英文記事を読み、それにもとづいてクラスでディスカッションをしたり、受講生が発表をしたりするので、ちょうど、外国の大学で授業を受けている感じです。そこで優秀な成績を収めた人は「通訳コース」に進級することができます。

　年に２回、私は、高橋先生が送り出した生徒を「同時通訳Ⅰ」のクラスに迎えました。クラスは、「国際英語」からの進級生、入学試験の成績が良くて最初から通訳コースに入った新入生、そして「同時通訳Ⅱ」に進級できなかった人たちで構成されます。当初この３つのグループの中で、一番有望と期待されたのが進級生でした。少なくとも半年、ネイティブからみっちり英語を学び、進級できたという勢いがあるからです。しかし実際は、授業についていけず途中でやめてしまう生徒の比率は、進級生においてとくに高かったのです。

　一体何がいけないのか ── 。自分が一生懸命教えて優秀だと判定した生徒が、通訳のクラスについていけないと聞いた高橋先生の悩みは深刻でした。ふたりでいろいろと検討を重ねた結果、「"能動的"に理解できるかどうか」に手がかりがあるのではないかということになりました。

　「国際英語」の授業でも英語のリスニング訓練をするのですが、聞き取れたかどうかのチェックは、設問に答えさせる形式で行われることが多いのです。一方、通訳のクラスでは、「今なんと言っていたか」を全部説明できなければなりません。たとえば、ある文章を聞いた後で、What were the three most important points the professor emphasized?（教授が強調した最も重要なポイント３つは何ですか）という設問に答えるのと、教授の発言を自分の理解と記憶を頼りに再生するのとでは、後者の方がはるかに難しいのです。なぜならば、設問には理解の手がかりになる情報がかなり含まれているからです。私たちの日常生活でも、「あの人どんな話をしたの？」という問いに答えるのは簡単ではありませんが、「あの人、転勤はイヤだって言ってなかった？」とたずねられれば、思い出さなかった記憶も手繰りだすことができます。

「国際英語」からの進級生は、英語のリスニングの力はあるのですが、与えられた枠の範囲での"受動的"な理解ではない"能動的"な理解の訓練が不足しているために自信がなく、通訳できないのではないでしょうか。クラスで当てると「分かりません」と言う生徒も、他の人が訳すのを聞けば「確かにそう言っていました」とか、「今の訳は違うと思います」と正しく指摘します。「リスニングできているんだ」と思ってもう一度当てると、やはり「できません」と言います。聞こえないのではない —— 積極的に情報を取り込む努力が足りないのです。

　地道な努力を重ね高い英語力を身につけた人が、自信をなくし脱落するのはもったいないので、「国際英語」と通訳コースの間に「通訳英語」という中間的なコースを設けることにしました。週1回のクラスですが、生徒は隔週で、英語の授業と、英語を日本語に訳す通訳の基礎訓練とを交互に受けることになりました。

DLSの原型

　高橋先生は、新たに設けることになった「通訳英語」という中間的なコースのうち英語の授業を受け持ちました。彼女は英語のリスニングの指導を行う際に、ヒントや指示がなくても能動的に使える情報（active information）が獲得できるかどうかを評価の目安にし、英文を聞いた後で原文を再生するレッスンを始めました。しかし、原文を覚えてそのまま繰り返すだけでは、意味を理解しているかどうか分かりません。日本語に通訳する場合には、どんなに短い文章でも理解しなければ訳すことはできませんが、英語を英語で出すだけなら、短期的な記憶力さえ良ければ、理解しなくても再生することは可能なのです。「訳す」というプロセスを介在させずに、"能動的"に聞き取ることのできる力はどのような訓練で育てればよいのかという大きな壁が立ちはだかりました。

　ちょうどその頃、高橋先生が私の「同時通訳Ⅰ」の授業を見学に来られました。私の逐次通訳の授業は、各生徒が分担して行う通訳に対して一回ごとにコメントはせず、出席者全員を当ててから、順次レビュー（論評）を行うという独特の形式で行います。この方が、スピーチの流れがよく分かり、実際の仕事の場面に近い緊張感が生まれるからです。普段は最初の個所に戻って音声を流し、訳出について講評をしたり間違ったところの訂正をさせたりするのですが、その日はレビューをする前に、生徒のひとりを当てて、全員でやった逐次通訳を全部発表させました。つまり、クラスの出席者が10人であれば、10人分の通訳を自分のメモを見ながら発表させたのです。ひとりに当てる長さが1分程度だとすると、10分の長さの英文を日本語でまとめさせたことになります。

細かいところは多少落ちたものの、当てられた生徒のパフォーマンスは見事でした。そのとき気づいたのは、1分の長さの英文を日本語に訳すときに比べて、はるかに日本語としてこなれた訳になっていることでした。これは、細切れではなく、スピーチ全体の論旨をよく考えるため、原文の理解が完全に「自分のもの」になっていることと、元の英語の表現に引きずられないからではないかと思われました。

　高橋先生は、このやり方を英語の授業に応用できないだろうかと考えました。「英文を聞く－理解する－知識として取り込む－自分の英語で語る」というプロセスができれば、従来のように設問に答えさせる形式でもなく、和訳させて理解を確かめる方法でもない、新しい能動的なリスニングの授業ができるのではないか ── 。そこで、原文をそのまま全部覚えるのは難しい長さの英語の音声を流し、逐次通訳をするときのように、メモを取らせ、自分の理解に従ってメモを見ながら英語で表現させる訓練を始めました。これが、DLSの原型です。

　通訳コースへの橋渡しのような「通訳英語」訓練の成果は意外なほど早く現れました。以前は「下のクラスからの進級者は苦戦する」というのが常識でしたが、このコースができてから進級者が優れた成績をあげるようになり、学期末には「同時通訳Ⅱ」への進級候補に名を連ねるまでになったのです。これは、決して偶然ではありません。NHKグローバルメディアサービス・バイリンガルセンターの国際研究室はその後、英語で授業が行われる「ニュース英語」コースに続く「通訳基礎」コースを設け、そこでは日本語から英語への逐次通訳訓練の一環としてDLSが取り入れられました。

　また、DLSの学習効果に関する学術的な研究も行われており、DLSは英語のスピーキング能力の向上に効果があることが報告されています。

DLS開発のチャンス

　「通訳英語」コースの効果に驚いた私たちは、通訳の訓練を始めようとする人たちに、あらかじめ「能動的に英語を聞き取る練習」をするようすすめたいと思いました。通訳の訓練に対する社会の関心は近年急速に広がり、文部科学省が発表した「『英語が使える日本人』の育成のための戦略構想」にそってできた「スーパー・イングリッシュ・ランゲージ・ハイスクール」の中には「同時通訳訓練」をかかげたところも登場しました。それに応えて、いろいろな本や雑誌が「通訳教授法」を取り上げましたが、その前の予備訓練の必要性を説いたものは見当たりませんでした。通訳をめざす人たちの広い裾野を支えるような、体系的な「通訳教則本」をまとめれば、きっとたくさんの人の役に立つと、私たちは勢い込みました。しかし、「読者層が限られている」という出版

社の返事で、この計画はあっさりとボツ。高橋さんも私もそれぞれ忙しい日常生活に埋没し、この野心的構想は立ち消えになる運命にありました。

　そんな折、アルクの文化事業部にいらっしゃった前田弘之（ヒロ前田）氏から講演の依頼があったのです。その数年前に、アルクから『放送通訳の世界』を出版していただいたご縁で何度か講演を引き受けており、今回も「放送通訳」に関する話をしてほしいということでした。そのとき、ふと思いついたのが、高橋先生と考えていた「新しい英語学習法」でした。「講演ではなく授業がしたい。それも、ふたりでやらせてもらえないか」という提案を前田氏は快く受け入れてくださいました。そして、「新しい学習法なら、何か名前があった方がいいですよ」とアドバイスしていただいたのです。

　高橋先生とふたりでいろいろな名前を考えたのですが、一番の特徴は「受動的ではなく能動的に聞いて理解する」という点なので、最初はActiveという形容詞を考えました。しかし、Active Listening and Speaking Methodは略語になるとALSになり、「筋萎縮性側索硬化症」という病気と同じになってしまいます。それでできたのがDLS、Dynamic Listening and Speaking Methodという名称でした。

　アルク主催の第1回DLSセミナーは2002年の12月に開かれ、100人の定員に200人を超える応募がありました。参加者の反応もよく、アルクは2003年の5月と9月にもセミナーを開催しました。そのプロセスの中で、DLSは少しずつ改良されていったのです。

A-LiSMへの発展

　通訳者養成や英語学習の分野で一定の効果を上げることができたDLSでしたが、高橋先生と共著で出版した『眠った英語を呼び覚ます―DLS英語学習法のすすめ』は2008年に出版社が破産したことから絶版になり、著者が引き取った数千冊以外は中古本しか手に入らなくなりました。DLSは著者ふたりが関係する限られた教育・訓練機関でのみ実践され、広く知られることはありませんでした。

　ところが、2015年の夏に朝日出版社の編集者である谷岡美佐子さんから思いがけないご連絡を受けました。この本を復活させたいとおっしゃるのです。まるで、とっくに諦めていた放蕩息子が帰ってきたようで、わが耳を疑いました。谷岡さんのお話は「この学習方法は確かに効果があると思うが、もとの本は上級の英語学習者向けで内容が難しすぎた。初級レベルの人にも役立つようなメソッドとして新たにA-LiSMとして見直してほしい」とのことでした。あらためてもとの本を読み返してみると、確かにプロ通訳者を目指す人たちの訓練に役立てるという発想から、エクササイズの内容も期待される

到達レベルも、かなり高度なものが要求されています。もっと多く人たちにこの方法を役立ててほしい。そんな思いから、私たちは初級者向けの方法をA-LiSMとして世に出すことにしたのです。

---

1 ——2016年現在、NHKグローバルメディアサービス国際研修室の通訳系コース構成は「ニュース英語Ⅰ・Ⅱ」「通訳基礎」「Advanced English」「同時通訳基礎」「放送通訳」「同時通訳Ⅰ・Ⅱ」と改変されている。

2 ——DLSの学術研究については長坂水晶「通訳養成に携わる非母語話者日本語教師のための教授法授業―通訳訓練法を扱った実践―」『国際交流基金日本語教育紀要』第6号（2010）、仲谷佳恵・室田真男「DLS (Dynamic Listening and Speaking Method) 英語学習法を元にしたスピーキング練習支援システムの開発」、『電子情報通信学会信学技報』(2012)、新崎隆子「英日逐次通訳プロセスを応用した英語学習」『通訳研究』第5号（2005）、杉田由仁「DLS英語学習法 (Dynamic Listening and Speaking Method) を応用したトレーニングによるスピーキング指導の効果」『山梨県立大学看護学部紀要』第9巻（2007）などがある。

おわりに

　英語を話すための「言葉のセンス」ってなんでしょう。そもそも、センスって勉強して身につけられるものなのでしょうか、しかも独学で……。

　このように悩んでいる学習者の皆さんには、本書で紹介した練習法によって、言葉の使い方に注意するようになり、自分が使える表現の幅を広げていくことこそ、言葉のセンスを磨くことなのだということを伝えたいと思います。

　とくに目を向けてほしいのが、すでに知っている言葉の別の使われ方です。英語の勉強というと、まず単語、つまり新しい単語を覚えなくてはと考えがちですが、実はすでに知っている単語を十分に使いこなしていない場合が多いのです。

　中学英語でたいていのことは言えます。本書の比較表現を取り上げたところで、表はtable、図はfigureとありましたね。それがいい例です。tableなんて英語を勉強する前から知っていた言葉でしょう。それがダイニングのテーブル以外に「表」という意味もあったんですね。ではtableには、ほかにどんな意味があるのでしょうか。ここで辞書の出番です。調べてみましょう。名詞だけではなく、動詞として使われることもあることが分かるでしょう。名詞の意味と密接な関係のある動詞なので、一度覚えれば忘れないはずです。

　figureも同様です。フィギュアというと、キャラクターのフィギュアを思い浮かべる人が多いかもしれませんが、図のこともfigureといいます。フィギュアスケートのフィギュアを思い浮かべた人もいるでしょう。フィギュアスケートでは氷の上に図を描くように滑って練習するのでこのように呼ばれるようになったことが

分かると、納得するでしょう。figureには、ほかにどんな意味があるでしょうか。調べてみるとこんな意味もあったのか、とびっくりすると思います。figureもまた、動詞としてよく使われる言葉です。

「これだけは覚えよう」など他人の作った単語リストは、覚えてもすぐ忘れてしまい、いわゆる一夜漬けになりがちなのは皆さんも経験があると思います。でも、自分が疑問に思ったことを辞書で引くと、その言葉は忘れないものです。

このようにして自分の英語を、知識として「知っている英語」から、どんどん実用的な「使える英語」にしていきましょう。それがそのまま語学の上達には欠かせない柔軟性を身につけること、そして英語を話す力をつけることにつながります。

本書を終えたら、この学習法を他の教材にも応用し、皆さんが楽しみながら英語の力を伸ばしていってくださることを願っています。

2016年6月
高橋百合子

新崎隆子　しんざき　りゅうこ

会議通訳、放送通訳。神戸大学文学部卒業。青山学院大学大学院国際政治経済学研究科博士課程（国際コミュニケーション）修了。公立高校の英語教師を務めたのち、国際会議やNHK放送で通訳者として活躍。NHKグローバルメディアサービス国際研修室ほか複数の大学で教鞭を執る。著書に『通訳席から世界が見える』(筑摩書房)、『「話して」「聞いて」「また話す」これなら通じる！　決定版 旅の英会話』(NHK出版)、共著に『眠った英語を呼び覚ます』(はまの出版)、『英語スピーキング・クリニック』(研究社)など。

高橋百合子　たかはし　ゆりこ

千葉商科大学国際教養学部教授。聖心女子大学文学部英文科卒業。ハワイ大学大学院言語学科修士課程（英語教授法）修了。NHKグローバルメディアサービス国際研修室主任講師、東京海洋大学、聖心女子大学非常勤講師などを経て現職。通訳者や翻訳者の養成、学習者のニーズに合わせた教材の開発に携わる。自分の考えを発信したり異文化理解の手段としての言語の重要性を伝えることにも力を入れている。著書に『News Made Easy!』(金星堂)、共著に『英語通訳への道』(大修館書店)、『眠った英語を呼び覚ます』(はまの出版)など。

英語スピーキング練習法
A-LiSM
2016年7月15日　初版第1刷発行

著者	新崎隆子
	高橋百合子
発行者	原　雅久
発行所	株式会社 朝日出版社
	〒101-0065　東京都千代田区西神田3-3-5
	電話　03-3263-3321(代表)
	http://www.asahipress.com
印刷・製本	凸版印刷株式会社
音声録音・編集	ELEC（一般財団法人 英語教育協議会）
ブックデザイン	阿部太一[GOKIGEN]
DTP	株式会社メディアアート

ISBN978-4-255-00935-3 C0082
乱丁・落丁本はお取り替えいたします。
無断で複写複製することは著作権の侵害になります。
定価はカバーに表示してあります。
©Ryuko Shinzaki, Yumiko Takahashi, 2016
Printed in Japan
CNN name, logo and all associated elements TM and ©2016 Cable News Network. A TimeWarner Company. All rights reserved.